普通という異常
健常発達という病

兼本浩祐

講談社現代新書
2692

はじめに

ＡＤＨＤ（注意欠陥・多動性障害）という診断名は、最近、ＡＳＤ（自閉スペクトラム症）と同じくらいよく耳にするようになりました。

学校現場などで、ＡＤＨＤ的な心性を持つ人たちが「合理的配慮」というかたちで、少しでも生きやすくなり、その将来的可能性が少しでも広がるのであれば、ＡＤＨＤについての情報が拡散するのも決して悪いことではないでしょう。

しかし、注意をしなければならないのは、ＡＤＨＤもＡＳＤも肺炎と同じような意味での病気ではないという点です。ＡＤＨＤやＡＳＤは一定の特性を持った脳のあり方に関して割り当てられた名称です。ですから、たとえば、家電のスペックを例にとるならば、壊れにくい家電と多機能な家電があったとして、時と場合によって、そのスペックが不利に働く時もあれば有利に働く時もあるのとそれは同じです。多機能であるがゆえに壊れやすい家電が野外では使いにくいからといって、それを劣った性能だというのが的外れなのと、単純にＡＳＤやＡＤＨＤを病気だとみなすのは似ています。

もう一つ言うなら、ＡＤＨＤとかＡＳＤとして特定の脳を総括する場合、それは、家電の仕様書に書いてあるように、その性質を持っているか否か二者択一式に○×をつけることができる類《たぐい》の特性ではないことです。誰もがいくぶんかはＡＤＨＤ性なりＡＳＤ性なりを持ち、それがある程度極端だと場合によって生きづらくなる、そういったものなのだと理解しておく必要があります。ですから、「忘れ物が多くて」「落ち着きがなくてじっとしておられず」「カッとなりやすくて」「根気が続かない」障害を持った人がいるという単純な理解には実情にあわない点が少なからずあるということです。

ＡＤＨＤやＡＳＤは、非定型発達と呼ばれることもあります。そして人数の多い「普通」の発達をする人たちを定型発達と呼ぶこともあります。この定型発達というあり方は少し前までは「健常発達」とも呼ばれていました。健常発達という言葉には、もう片方は健常ではない、つまり病気であるという価値判断が加わることになります。ですから、一方が完成型で他方は不全型だという価値判断を避けるために、健常発達という呼び名は、定型発達という言い方に変更されたわけです。

この言い換えは、「定型発達も非定型発達も病気じゃないよ」という主張だといえます。しかし、そうは言ってもＡＤＨＤ的な特性を持っている人に対してはお薬もありますし、そのお薬に医療保険もききますから、公的には病気扱いをせざるをえないところも多々あるといわざるをえません。

「病《やまい》」が、ある特性について、自分ないしは身近な他人が苦しむことを前提とした場合、ADHDやASDが病い的になることがあるのは間違いないでしょう。一方で、定型発達の特性を持つ人も負けず劣らず病い的になることがあるのではないか、この本で取り扱いたいのは、こういう疑問です。たとえば定型発達の特性が過剰な人が、「相手が自分をどうみているのかが気になって仕方がない」「自分は普通ではなくなったのではないか」という不安から矢も楯もたまらなくなってしまう場合、そうした定型発達の人の特性も病といってもいいのではないか、ということです。

ですから、この本では「健常」という言葉に暗に含まれている「自分は普通なのだ」という一部の定型発達の人のこだわりをあえて強調するために、定型発達ではなく、「健常発達」という用語を用いることにしたいと思っています。

精神病理学者の鈴木《すずき》國文《くにふみ》先生の著書に『神経症概念はいま』という本があります。神経症というのは、いわゆる普通の人のことで、普通の人、あるいは人間であることの病のような何かを考えるのが、二〇世紀後半には流行っていました。しかし、鈴木先生によれば、「神経症」という考えの前提となる人間像は、おそらくかなりの程度、昭和的人間をモデルにしたもので、今やそのままでは通用しにくくなっています。鈴木先生は、神経症概念が精神医学のなかから消えていったのもそのことと関係しているかもしれないとしていますが、こうした考えをこの本でも踏襲しています。健常発達とは何かを考えることとは、結局、人間とは何かを考えることとつながっていて、そして人間とは、犬や馬のような何か特定の実体を持った歴史超越的な現象ではなくて、文化依存的で流動的な現象なのではないかという主張にもそれはつながります。

本書の構成は以下のようになっています。第一章は、健常発達的特性が自分も他人も苦しめることがあるという実例を、いじわるがどうしてやめられないかを中心に、いくつかのモデル事例を通じて提示します。

第二章では、健常発達を病に診たてて診断してみたらどうなったかを、アメリカの自閉症協会の有志が作成した「診断基準」を使って検討するとともに、現在よくみかけるADHDの脳科学的説明を健常発達の人に読みかえて当てはめてみることを試みてみました。

第三章では、「いいね」依存が、この健常発達という病の一次病理なのだという仮説を検討します。健常発達の人のこころの仕組みが、「私」がまず先にあって、その私が「いいね」を求めて忖度《そんたく》するのではなくて、「いいね」こそが、健常発達の人の「私」の実体であるために、時にそれは死に至る病にもなりうるという話です。

そして、第四章では、この健常発達の一次病理への手当ての試みを紹介します。まずは、「いいね」の向こう側にある、ほんとうの自分をめざす昭和的な仕方、つまりかつての神経症的と呼ばれていた仕方と、より直截に「いいね」と一体化しようとする平成的な仕方を紹介しました。いずれも生体の治癒の試みによる二次病理といえなくもありません。

第五章では、「いいね」にがんじがらめにされてしまい、定住民的健常発達者がどうしようもなく行き詰まった時に、そこからの脱出の処方箋を、ノマド的なＡＤＨＤ的あり方と対比しつつ考えてみました。

ＡＤＨＤやＡＳＤを病なのだと考えるならば、いわゆる普通の人、あるいは健常発達的特性を持つ人も、見方を変えれば、じゅうぶん、病として捉えることが可能ではないか。そのような問題提起ができれば、この本の目的はじゅうぶん達したことになるかと思います。

「人間とは一つの症状なのだ」という世紀末に流行ったプロパガンダをもう一度声高に喧伝しようという意図はないのですが、健常発達的特性が極端になれば、それはそれでやはり耐え難くしんどいことはあるのであって、健常発達という病を考えることは、そのまま人間とは何かを考えることにつながるのではないかという方向性には、今もなにがしかの有効性はあるのではないかとは考えています。なお、本書の一部では、『ＡＤＨＤの理解を深める（仮）』（星和書店）中の自著論文の一部からの抜粋があることをお断りしておきます。

目次

第五章　定住民的健常発達者とノマド的ＡＤＨＤ――

向こう側を持たない世界の「いいね」／「いいね」に疲れてしまった人の突破口／ＡＤＨＤ的心性と健常発達的心性／三面記事的な好奇心とお喋り／マリリン・モンローの聖性／大衆の欲望の受け皿／母親との決別／医学生が逆上した理由／昭和の男性の末路／時代を支え、時代に使いつぶされた昭和の父親たち／大きな物語の身体化／複数の超越セット／小さなモンロー／他者のまなざし――サルトル／余白・余剰があって人間になる／ポップ・アートが剝ぎ取ろうとしたもの／世間に名指され、登録されること／射貫かれる視線の数／お互いがお互いを石化する闘争／家具や調度品と並列の存在／他者のまなざしがなければ受肉できない／耐えがたい屈辱感の理由／隙間（＝「無」）の開き方／「きゅうりは嫌だ」と「自分」の間／抗いがたく組み込まれた他者／野生が素のまま現れた表情／表に出てこない肉的存在／デカルト的コギタチオ／他者の制約を外されたロビンソン・クルーソー／他者の欠落をめぐる決定的な落差／デカルト的コギタチオの際限ない暴発／ＡＤＨＤ的心性の意味／圧倒的な奔流から生き延びる術／あんこをこねて外に出る／人間であることは疲れること／ノマド的選択肢

第一章　いじわると健常発達者

診察室にやってくるAちゃん

私の診察室にいつも母親の付き添いでやってくる一人の就学前の女の子を想像しながら、今回の話を始めます。私のお気に入りのこの子を仮にAちゃんと呼ぶことにしましょう。おおよそはフィクションですが、ちょっとしたモデルがいるくらいにお考えください。

Aちゃんは、診察室に入ってくるなり、空いている椅子に一目散に向かって座り、ぐるぐるとすごく楽しそうに回ります。机の表面にある、コンピューターのコードを通すための穴に、お母さんの制止を意に介さず、銀色の覆いを外して何度も指を突っ込んでは、目を輝かせて「何なのこれ？」と聞いてきます。お母さんに買ってもらったお気に入りの小さな恐竜のフィギュアを何体かリュックサックから出して陳列し、自慢気に私に一つ一つ名前を教えてくれます。私とお母さんの診察がいつものように手早く終わって、「じゃあ、またね」というと、「早や過ぎ！」と、図星といえば図星の診察時間の短さに不満を鳴らして、ゆっくりと恐竜フィギュアの店じまいをして出ていきます。

落ち着きはなくて、ちょこまかと動き回り、騒々しいのですが、多分、私の波長とはよく合っていて、私は彼女の来訪を少し楽しみにしている、そんな女の子です。ちなみに彼女は一度も私の患者さんであったことはなく、終始、単にお母さんの付き添いでついてきているだけの人です。ですから私たち二人は基本的には近所の雑貨屋のおじいさんと店に足繁くひやかしに来る子どものお客さんといった程度の淡い関係といえるでしょうか。

後付けなのですが、どうしてこの子を好ましく自分が感じるのかを考えてみると、もちろん波長が合うということはあるのですが、もう一つは「自分がどうしたいか」が、彼女においては「他人が自分のことをどう考えているか」よりも優先されているためなのではないか、そんな気がしています。

私のような古いタイプの精神科医は一般に内科の外来で、「心療内科」の看板を出して診療をして欲しいと頼まれると、ちょっとだけですが億劫な気持ちになるところがあります。もちろんいろいろな理由はあると思うのですが、古いタイプの精神科医は「普通の」人たちのことが少しばかり苦手だというのが、その大きな理由の一つではないかという気がします。

「普通の」人たちというのは、「相手が自分のことをどう考えているか」が、「自分がどうしたいか」よりも優先される人だと、とりあえずはここでは言っておきたいと思います。このことをこの本では突っ込んで考えたいのです。しかし、今はともかくもAちゃんの話を続けましょう。

「空色ランドセルがかぶった事件」

Aちゃんはなかなかに利発な人で、ちょっとした受験が必要な小学校にそれほど受験勉強もせずに進学しました。本人の希望で空色のランドセルをお母さんから買ってもらい、意気揚々と彼女の小学校生活は始まりました。しかし、早速そこでちょっとした事件がもちあがります。もう一人、空色のランドセルを選んだ子がたまたまいて、ランドセルの色がバッティングしてしまいます。そして、そのもう一人の空色のランドセルの子、クラスでお友だちも多く、ちょっとボス的なBちゃんに目をつけられてしまうのです。

そもそもAちゃんが夢中なのは、怪獣や昆虫で、彼女の愛読書は、『おもしろい！進化のふしぎ　ざんねんないきもの事典』です（そのシリーズの第2弾か第3弾だったような気がします）。ですから、ランドセルの色がバッティングしたことなどは当然ながら彼女は気にも留めていません（あるいはそもそも気づいていなかったかもしれません）。

しかしもう一人の空色のランドセルの子は「空色ランドセルがかぶった事件」をきっかけにAちゃんを強烈に意識してしまったようで、BちゃんのAちゃんへの猛アタックが始まりました。早熟で社会性の高いBちゃんは、お友だちというよりは取り巻きと言ったほうがよいような同級生も何人かいて、そうした女の子も巻き込んでAちゃんの気を惹くための小さな策略が張り巡らされます。

Aちゃんにいっしょに帰ろうと誘っては、いざ帰宅の段になると今日は別の子と帰るからいっしょに帰らないと言ってみたり、大阪弁で言うなら自分になびかないなら「はみご」（仲間はずれにすること）にするぞとほのめかします。そうかと思うと急に何かをくれたりと、ともかく巧みに駆け引きをして、Aちゃんの自分への関心を少しでも大きくして、濃密な関係を持とうとするのです。しかし、そもそも怪獣と昆虫に夢中なAちゃんに対してそうした手練手管はうまく通用せず、ことごとく彼女の戦略は外れてしまいます。

ついに堪忍袋の緒が切れたBちゃんは、もっと露骨な実力行使に出ます。何かの順番で並んでいたAちゃんが躓《つまず》いて隊列から少しはみ出して、元の位置に戻ろうとしたときに、「ちゃんと順番を守りなさいよ」と他の自分の取り巻きの女の子たちとはやし立ててもう一度一番後ろから並ばせようとし、いやだと言って抵抗するAちゃんを無理やり後ろに行かせてとうとう泣かせてしまいます。また、別の機会にはAちゃんの髪の毛がきちんと結ばれていないのを見て、「その団子みたいな髪をどうにかしたらどう？　そんな髪で学校に来るのはみっともない」と揶揄《やゆ》したりと、そういったことがくりかえされたようです。

しかし、時々は泣かされることはあっても、なかなかに気の強いAちゃんはたいていは負けずに言い返し、しかももっと別のことに夢中のAちゃんは、すぐにそんな事件のことは忘れてしまって、結局は、Bちゃんのいじわるは期待したほどのダメージをAちゃんに与えることができませんでした。

同じ方面に帰るのがBちゃんのグループだけだったので、とうとうAちゃんは一人で下校することになってしまいますが、通学電車で、たまたま怪獣好きの二年生の男の子と知り合いになり、怪獣の話で盛り上がって、いつもその生徒と下校するようになります。そうしたなかで、学校での出来事か、下校中のことかはわかりませんが、Bちゃん一派に囲まれてなにかまたまた難癖をつけられていた時に、この男の子が「馬鹿というやつが馬鹿だ」とか言って大声でかばってくれるということもあったようです。

そうこうしているうちにBちゃんもちょっかいを出すのを諦めて、一年生が終わった時には先生たちの配慮でクラス替えになってBちゃんとは別の（怪獣や虫好きの子どもが多い）クラスになり、Bちゃん事件はいつの間にか立ち消えになったようでした。

零《こぼ》れ落ちた青虫

Bちゃんもなかなかのつわものですが、Aちゃんもなかなかのつわものです。Bちゃんのちょっかいについておおよそは歯牙にもかけず、結局はBちゃんのことをそれほど特別に意識もせぬままにスルーしてしまったのですが、そんな彼女が大泣きしてうちに帰ってきたことがありました。

虫好きのAちゃんは学校の花壇で青虫をみつけ、うちで飼おうと思って持って帰ってきました。お母さんが「青虫さんは学校の花壇でみんなと過ごしていたほうが幸せだから帰してあげなくちゃあだめ」と諭すと、ちょっと涙ぐみながら納得し、あくる日にマッチ箱に入れて花壇に帰しに行くことになりました。

Aちゃんは、この青虫さんとのお別れが名残り惜しくて、最後に一目お別れをしようと、マッチ箱を登校途中の電車のなかで開けてしまいます。すると、青虫がマッチ箱から零れ落ちてしまい、混み合っている電車のなかでどこにいったかわからなくなってしまいました。お母さんの顔を見た途端、それまで形になっていなかった気持ちがあふれだしてしまったのか、「つぶされてしまったわ！」（この「わ」は、女の子の言葉使いの「わ」ではなくて、関西弁などで使うような詠嘆と少し怒りのこもった「わ」です）と、大声で泣きながら、彼女は訴えました。小一時間近くもなかなか彼女は泣き止まず、お母さんも困り果ててあれこれなだめすかしていたのですが、「きっと無事に電車を出て今頃はお外の花壇にたどり着いているわよ」というお母さんの苦し紛れの慰めがなんとか効いたようで、「そうかな〜」と訝しがりながらではありますが、ようやく泣き止んだそうです。

いじわるコミュニケーションという戦略

Bちゃんが採用した対人戦略をとりあえずは、いじわるコミュニケーション（略していじコミ）と呼んでおこうと思います。女の子の間では、小学一年生でも、こうしたバトルは始まっていると同僚の先生からお聞きしたことがあります。女の子にとって一〇歳というのが一つの鬼門だとも、別の児童精神科を専門にしている先生からずいぶん前に聞いたことがあるのですが、自分自身の臨床経験からもそれは当たっているような気がしています。いじコミによって成立する社会が一応の完成をみるのが、女の子の場合は一〇歳頃ではないか、その時に最大多数がいじコミを習得するなかで、それに乗れない子が孤立して事例化することがあるのではないかとも考えられます（男の子同士の場合はこれよりもかなり遅れて、暴力を含むもう少し非文化的なかたちで、発現するのが典型と考えられます）。

いじコミというのは、適度な量のいじわるをお互いの社会的階層（子ども社会のなかでの大げさにいえばスクールカーストのようなもの）や個人的力量に応じて小出しにジャブ打ちしながら、自分の子ども社会における立ち位置を決めていく技術のことです。たぶん、幼稚園の終わりか、小学校の低学年では、Bちゃんのように早熟な子はもうじゅうぶんにそれを意識しながら行動しはじめていて、自分が何をしたいかが、他人が自分をどう思っているのかよりも主要な関心事になるADHDやASDの傾向のある子は、だんだんとこのいじコミの世界からはじきだされてしまうことになるのでしょう。

上手にいじコミすることは、直接的な暴力を避けて社会的な関係を保つという点では相当に文化的な営みともいえます。京都や英国など長い伝統的な文化がはぐくまれている地域では、鋭敏な感性がないと察知できないいじコミ力を養わないと一人前の市民とは認知されないといったこともあり、洗練されれば高度な対人スキルに仕上がるコミュニケーション技術の側面があるように思われます。

基本的にはいじコミは健常発達の人の特異な承認欲求のあり方と関わっているのですが、承認して欲しいときに単純に自分を好きになってと言う代わりに、健常発達の場合には、どうしていじわるをしなければならないのかは、この本でおいおい解き明かしていきたいところです。

「人のうちの冷蔵庫を勝手に開ける変な子」

さて、健常発達の人の特性を後から考える材料として、ここでもう一人、いじコミ参入をきっかけとして、Aちゃんと違って今度はその後の対人ストラテジー（戦略）が大きく変わってしまった小学五年生の別の女の子の話を紹介しておきましょう。この子のことを

Cちゃんとしてもいいのですが、AやらBやらアルファベットがあんまりたくさん出てきてもこんがらがると思うので、この子はつばさちゃんとでもしておきましょう。

つばさちゃんはADHD的傾向がAちゃんほどではないものの、やはりもともとは他人の思惑にはとんじゃくせずにしたいことがしたい、好きなものが好きというストレートな性質の子でした。小学五年生まではスクールカースト的にはまずまずの位置にあるグループの一員で、比較的楽しい小学生ライフを満喫していたようなのですが、ご両親がちょっとした商用でアメリカに一ヵ月ほど滞在することになり、アメリカ人の友人のご家庭に夏休みの間滞在したことが、彼女の小学生ライフを結果としては大きく暗転させてしまいます。夏休みの間、向こうのご家族は、"Hey, Tsubasa, feel free to have anything in the fridge!"「つばさ、冷蔵庫にあるものは何でも好きに飲んだり食べたりしていいよ」とつばさちゃんに言ってくれていて、その家の中学生くらいのメアリーという子と自家用プールで遊んだり、大いに夏休みを満喫してつばさちゃんは新学期には意気揚々と帰国します。

しかし、事件が九月の中旬に起きます。彼女が属するグループのボス的存在である麗子ちゃんという女の子のうちに遊びに行った時に、つばさちゃんはアメリカでしていたように、そのうちの冷蔵庫を開けて飲み物を勝手に出して飲んでしまったのです。その場は何事もなかったかのように終わったのですが、その事件を契機にして彼女は「人のうちの冷蔵庫を勝手に開ける変な子」という烙印を押されてしまい、最終的には実質的にグループから締め出されることになります。

たいへん遅ればせながらなのですが、つばさちゃんはここで初めて本格的にいじコミを学ぶことになります。この出来事をきっかけに、彼女は結局一年以上、クラスで「はみご」にされてしまいましたが、少なくともグループのナンバー2にちょっとした復讐を果たし、このクラス内・村八分をなんとか乗り切りました。

しかしこの事件を通してつばさちゃんは、世間は決して好意からできているわけではない、そこはいじコミ・バトルフィールドなのだという教訓を学び、以前の天真爛漫そうな女の子ではなくなりました。

普通と自分との距離

つばさちゃんの事件もAちゃんの事件も、いずれもいじコミの掟がわかっていなかったことに起因して起こるべくして起こった出来事だともいえます。小学校に入りたてのAちゃんの場合には、まだいじコミ・コミュニティはじゅうぶん熟成しておらず、構成員もクラス全体に満遍《まんべん》なく広がってはいないために、いじコミにすでに熟達したBちゃんといえどもAちゃんをコミュニティから追い出すほどの威力を発揮できませんでした。しかし、すでにじゅうぶんに熟成した、いじコミ・コミュニティができあがっていたと考えられる小学五年生のつばさちゃんの場合には、麗子ちゃんの家での出来事をきっかけに彼女はコミュニティから追い出されてしまいます。じゅうぶん熟成した、いじコミ・コミュニティでは、その小集団における「普通」に絶えず目配りして普通と自分との距離を測りつづけることが要請されることを、ここでは気に留めておいていただければよいかと思います。

昼ドラ『牡丹と薔薇』が刺激する願望

テレビドラマの世界は、いじコミが、いかに多くの健常発達の人を惹きつけているのかを例証しています。多くの韓国ドラマでも、そうしたシーンは枚挙にいとまがないほどですが、一時期一世を風靡したいわゆる昼ドラでは、いじコミそれ自体がかなり純粋にテーマ化されています。その代表が、東海テレビが二〇年ほど前に制作し、話題になった『牡丹と薔薇』という昼ドラです。同棲相手に裏切られた看護師が、裏切った相手の男性の家庭に生まれた赤ん坊を誘拐し、この誘拐されて育てられ、ぼたんと名付けられた女性と、ぼたんが誘拐されたあくる年に生まれた香世とが織りなす愛憎劇です。

俯瞰して物語全体を眺めると、『牡丹と薔薇』は、突っ込みどころ満載のきわめて奇妙なストーリーです。「中学生の香世は、ダイヤモンドつきの薔薇のブローチをして学校に行っているけど学校の先生は何も言わないの？」「親友になった証としてそのダイヤモンドつきのブローチをぼたんにあげちゃうけどもらうほうも、もらうほうだよね」「ぼたんが何年か後にデートクラブで偶然父親に会って、香世のうちで働くことになるっていう設定に無理はない？」「誘拐した育ての母はどうしてそのまま無罪放免なの？」「そもそも意図的ではなかったとはいえ争いの結果、その前に香世は目までつぶされてるのに、大団円で香世とぼたんはどうして寄り添ってしんしんと舞う雪を仲良く眺められるわけ？」（この時点では実際には二人とも失明しているので眺めるではなくて傾聴というほうが正確なのでしょうけれど）などなど、今であればハッシュタグ「牡丹と薔薇」が立って、たくさんのツイートで炎上しかねない、理解しがたい不自然な部分が満載だからです。

しかし、このドラマが、健常発達の人として生きる人の無意識的な願望をなぞる夢のようなものなのだと考えると、ストーリーの合理性ではなく、いかに見る人の願望を刺激するのかという視点からは、一種の必然性を持ってこうならざるをえなかったとも考えられます。多くの韓国ドラマでは、もう少し突っ込みどころがめだたないように上手くストーリーは継ぎはぎされていますし、最近、Ｗｅｂ漫画の掲載サイトで無数に展開されている悪女転生ものなどでは、逆にもっと露骨に、実写の昼ドラを上回るいじわるの限りを尽くされるヒロインとその復讐の物語が延々と拡大再生産されています（『悪女は2度生きる』という悪女転生ものは傑作だと思います）。

これらの昼ドラ、韓国ドラマ、Ｗｅｂ漫画の悪女転生もののいずれにおいても、少し考えると不合理に見える部分にこそ、健常発達の人の願望を刺激する仕掛けがあるのではないかと疑うべきポイントが見て取れる点は共通しています。第一、もし、こうしたストーリーが多くの人の隠された願望を刺激しないのであれば、商品としてこれだけ大量に、同じことのくりかえしと思えるストーリーが大量生産・大量消費される理由を説明できないでしょう。

いじコミこそ生きること

ちょっと俯瞰してみると、香世の挙動とＢちゃんの挙動には注目すべきいくつかの共通点が浮かび上がってきます。お互いの最初の接近のきっかけも、薔薇のブローチと空色のランドセルという外見的に浮き立った身に着けるものです。香世は、ぼたんに強く心を惹かれていて、香世が知らない理由でぼたんが自分の前からいなくなると深く傷つき、壮絶ないじわるに転ずる動機となります。Ｂちゃんも自分の手練手管が通じないＡちゃんにいらだち、もちろん香世に比べるとまったく小規模ですが、かなり執拗にいじわるをしようとします。

どうしてこんなにまでいじわるをしなければいけないのか、このいじわるの結果、香世は結局失明という大きな対価を支払うことになりますし、Bちゃんは最終的には先生に目をつけられてしまってクラス替えの時には要注意人物としてマークされます。

身を滅ぼしてもいじわる欲のほうが上回ってしまうこの状況を一歩引いて客観的に眺めると、部外者的にはまったく合理的ではなく理解しがたく思ってしまうわけです。先回りして言うならば、いわゆる健常発達の人にとっては、このいじコミこそがまさに生きることなのであって、極論すれば、いじコミがない世界などおそらくは生きるに値しない色あせた世界なのです。

「生活臨床」——生活破綻のきっかけ

『牡丹と薔薇』やWeb漫画の悪女転生ものは、健常発達の心性のどこに働きかけるのか、そのところをもう少し明確にするために、「生活臨床」という名前で呼ばれていた精神科のムーブメントのことに触れたいと思います。

というのも、いじコミは、もう少しニュートラルな表現をすると、いわゆる対人希求性（人を求める気持ち）の表れの一つであって、「生活臨床」というムーブメントは、具体的にこの対人希求性が実生活の中でどのような形をとるのかに集中的に焦点を当てているからです。

少しばかり乱暴で通俗的なまとめ方をしますが、生活臨床というのは、「色、金、名誉」のいずれかのキーワードに、統合失調症の発病のきっかけがあるという認識のもとおこなわれた運動です。「色、金、名誉」といったきっかけが生活の破綻をもたらすので、そうならないように生活環境を患者さんの周りの人たちと医療関係者がいっしょになって整えることが大事だというものです。心ある精神科医の先生とともに地域の保健師さんとかが随分がんばって指導に奔走されたと聞いています。

「色、金、名誉」に「体」を付け加える場合もあるようですが、『生活臨床の基本』という本のなかで伊勢田《いせだ》堯《たかし》先生がこのキーワードを「指向する課題」という用語で説明されています。伊勢田先生とは一度ごいっしょさせていただきましたが、ほんとうに感じの良い、丁寧な臨床をされている方という印象でした。

実践としての生活臨床では、対象者の生活破綻のきっかけとなる「色、金、名誉」に関わる何かを奪われるか、あるいはそれを獲得する見込みが失われる状況が、破綻前に前駆していると想定されていて、これが診たての中心となります。生活臨床は、当事者が大事に思っているものが、色なのか、金なのか、名誉なのかを、家族を含めたみんなではっきりと共有し、それを獲得ないしは守ることを、医療者を含めたみんなで応援し、当事者の求めるものに寄り添うことをめざしていたと、とりあえず講演やご本の記載からサマリーしてみます。

往々にして当事者本人も家族も、生活臨床的に医療者を含めた話し合いをするまでは、当事者が人生において何を大事に思い、何を捨てがたく思っているか、つまり当事者の急所となるところはどこかに自覚的ではないことが多く、このため、それを同定するためのいくつかのテクニックも披露されています。

伊勢田先生のご本に紹介されている高校教師の事例をごく簡単に紹介して、このムーブメントの実際をみておきましょう。症状に治療の目標を置くのではなくて、生活に目標を置くという着眼点は、障害があってもそれぞれの当事者がしたいと思っていることを大切にして実現する手助けをしようという昨今のリカバリーの思想と響きあうところがあります。未来志向でもあり、半世紀以上前の取り組みとしては、『生活臨床の基本』のなかで伊勢田先生がおっしゃっているようになかなかに画期的なところもあります。以下の事例に登場する（　）内の斜体部分は生活臨床的介入となります。

聞き取れなかった英国人教師の英語

若くして両親を亡くし、長兄夫妻に養育されたある四〇代の英語教師は、「親がいないんだから勉強で身を立てなければだめだ」と言われて育ちました。幸い成績は優秀で、東大と思しき大学の入学をめざすほどで、東京で受験のための下宿生活を開始します。しかし、受験に立て続けに二回失敗したことを契機に、「下宿先の近所の人が悪口を言っている」「電車に乗ると人がじろじろ見る」などといった被害関係妄想が出現。実家に連れ戻されたものの幻覚妄想状態による激しい興奮がおさまらず、最初の入院となりました。薬物療法で症状はとりあえずは軽快し、周囲の説得で地元の国立大学に見事入学を果たして退院しますが、持ち前の気位の高さと遮二無二《しゃにむに》突き進もうという姿勢から、周囲との軋轢が絶えず、無理なスケジュールを詰め込んでは、生活破綻をくりかえし、大学在学中は二度の入退院を経験しています。

その後、何とか卒業を果たし、山間部の分校に就職が決まるのですが、本人は都会の学校に就職するのを希望していたため落胆。しかし、校長から「五年くらいしたら転勤になる。実績を挙げて平野部に戻れ」と励まされ、下宿して通勤となりました（勤務地が遠方で実家も安息の場ではないことから、働きかけの方針として、電話連絡をいつでもとれる体制と、休みを利用した休息入院が保証されます）。職場では尊大で配慮に欠ける態度からしばしばトラブルになり、それが契機で被害関係念慮が出現（「無理をして再発したら出世の見込みはなくなる」とアドバイスするなど、生活破綻につながりかねない動きに対しては、これを抑える働きかけがおこなわれます）。そうした助力もあって、山間部での勤務の間、八回の休息入院を含む短期の入退院をくりかえしながらも、職場での役割遂行には著しい支障をきたさずにすみ、職務を全うすることができました。

そうこうして何とか持ちこたえているうちに、この英語教師には二つの転機が訪れます。何度かのお見合いの失敗の後に、「太っ腹で如才ない」得難い配偶者を得たことと、兄と慕うある会社の経営者が若くして劇症肝炎で急死したため、「出世しても死んだらおしまいだ」と、「生き方をマイホーム主義に変え」、それまでとは打って変わった態度をみせるようになったことです。彼の急所ともいえる管理職への昇進の野心と距離を取るようになったことで、同僚や上司とのトラブルは目に見えて減り、その後、一〇年以上にわたって安定状態が続き、投薬もごく少量となって、時に応じた生活相談程度で面談も推移したと書いてあります。

しかし、日本語が話せない若い英国人女性の教師が、本場の英語を生徒たちに聞かせるという趣旨で副教員として赴任して同僚となることで、事態は急激に破綻へと向かってしまいます。この英国人教師の英語を、彼は聞き取ることができず、ひどく困惑したのですが、それを認めるのは彼のプライドから耐え難く、「早口で喋るのでわからない」「田舎の英語だからわからない」と相手を非難。それに対して英国人教師は、「あなたの勉強が足りないだけだ」と言い返し、さらにそれに対して「助手のくせに」と高飛車な態度に出たため事態は収拾がつかなくなっていきます。

次第に、早朝から起きて英会話のカセットを聞き出すなど、生活の枠組みも揺らぎだし、不眠、疲労困憊となって、ついに「ソ連と北朝鮮が攻め込んでくる。危ないから外に出るな」と妻に土下座して訴え、木刀を持って庭に飛び出す、校庭で山に向かって旗を振るなどの異常行動が出現、緊急入院となりました（この事例は実際には当時はその概念がなかったASDを背景とした心因反応ではないかという解釈もありうるとは思います）。

当事者を支える「つっかい棒」

この事例はさらなる生活臨床的介入により、この後、再び安定して大団円を迎えることになるのですが、ご興味があれば伊勢田先生のご本に直接当たっていただけるとありがたいです。

ブランケンブルクの『目立たぬものの精神病理』という論文集のなかで、精神科臨床における往路と復路のことが取り上げられています。精神科医は診断をおこなうために、「色、金、名誉」では理解できない部分に焦点を当てます。ですから、当事者の話のなかから世間一般の常識からすればどうしてそんなことをするのかが「わからない」部分をできるだけ鋭敏に感じて、それを探り当てることで診断をするわけです。これが精神科医の往路になります。

しかし、ご家族や友人は、可能な限り「わかる」ことに注意を向け、「わからない」ことの前には可能であれば立ち止まらずに通り過ぎようとする傾向があります。それは時に当事者の生活破綻の原因になる重荷にもなりえますが、「わかる」べき部分をわかって寄り添うことで、当事者を支える大きな力になることも少なからずあります。これは復路になります。

『目立たぬものの精神病理』のなかでは、精神科医は往路を進むだけでなく、臨床家としては必ず復路も用意しておかなくてはならないということが触れられています。生活臨床とは、この復路を体系的に展開したものだとも考えられるかもしれません。

先ほど、紹介させていただいた英語教師の方にとっての急所、あるいは生活臨床的に表現するのであれば「指向する課題」は、「名誉」であったことは間違いないでしょう。名誉を「馬車馬のように」遮二無二求めてしまうことで、その性急さのゆえに、名誉において破綻する、そういった行動パターンがくりかえされていることは誰の目にも明らかです。

生活臨床の実践は、「そんな世俗的な欲に囚われているから調子を崩すんだ」「そんな欲から解放されれば発病に至る急所もなくなるよ」と言って、できるだけそこから当事者を遠ざけることをめざすのではありません。そうではなくて、むしろ、当事者が囚われている「色、金、名誉」を、当事者を支えるもっとも太いこの世におけるつっかい棒だと考え、みんなでこのつっかい棒が倒れてしまわないように、あるいはそのつっかい棒がちょっと実人生の規格に合わない場合には、似たような別のつっかい棒への方向転換も含め、いっしょに支えようというものです。

「色、金、名誉」という躓きの石

さて、この「生活臨床」というムーブメントについて取り上げたのは、いじコミの具体的なコミュニケーションは、おおよそ、まずは「色、金、名誉」でその骨格を描くことができるのではないかと思うからです。もっと言うのであれば、いわゆる健常発達の人の人生の骨格そのものが、かなりの部分がこの「色、金、名誉」で説明できるのではないか、「色、金、名誉」を享受するための前提としての「体」(健康)をこれに加えれば、これ以外の何かをほんとうのモチベーションにして人生を生きることはなかなか容易ではないのではないかというのが、ここでの問題提起です。

つまり、健常発達の人のさまざまの行動の大部分が、この「色、金、名誉」で理解できるというのが世間的な人間理解の基本であって、そのいずれかがくりかえし人生の躓きの石になるのは統合失調症の人に限らないのではないかという問いかけでもあります。

犯罪がおこなわれると、精神科医は、その動機が了解できるかどうか、精神鑑定を依頼されて判断を求められることがありますが、動機が了解できないとなった場合には、それは無罪の理由になったりするわけです。逆に、明らかに「色、金、名誉」が動機である場合には、裁判官や検察官だけではなくて、弁護士も、動機はじゅうぶんに了解できる、つまりそんな事情であれば、そんなことをする人はいるよねと動機的にはみんなが納得するというコンセンサスがあります。

たとえば、借金で首が回らなくなっている人がいたとして保険金をそんなに関係の良くない奥さんにかけて殺してしまうとか、浮気の現場を押さえたご主人が相手の男性をゴルフのクラブで殴ったとか、「色、金、名誉」に関わることで事件が説明できる場合、自分がその場にいて同じことをやる気持ちになるかどうかは別にして、それはわかるということになって精神鑑定には普通は回ってきません。

逆に、たとえば、近所のラーメン屋さんが北朝鮮のエージェントで、そこから自分の家庭の事情が放映されているという理由で営業中のラーメン屋さんに押しかけて、椅子を振り回して暴れたとすると、これは精神鑑定の対象になります。この場合、動機は、明らかに普通の意味での「色、金、名誉」とは違います。「色、金、名誉」という、つっかい棒が外れてしまうと、統合失調症を病む人では、何か「色、金、名誉」だけではうまく説明できないものが現れてきてしまうといえなくもないようにも思えます。

「一番大きな関心を占めたい」

もう少し考えてみましょう。「色、金、名誉」とそれから外れたものの違いとはいったい何でしょうか。たとえば、AちゃんとBちゃんについて考えてみましょう。

Aちゃんがお母さんに促されて青虫を花壇に帰しに行く途中に、お別れが名残り惜しいあまりに、一目最後の別れをしようとマッチ箱を開けた動機は、とりあえずは、「色、金、名誉」では説明できそうにありません。もちろん、無意識の深層心理といったところまで深入りすれば、Aちゃんの青虫愛は、何か性的なことの象徴かもしれませんし、そうなるとそれは「色」と関係するかもしれません。しかし、少なくとも生活臨床でいうところの「色」は、もっと具象的・即物的な性的な事柄です。裁判で犯罪が裁かれる場合の動機も同様に、無意識的・深層心理的なことがらではなく、やはり生活臨床的な具象的な「色、金、名誉」です。

Bちゃんのちゃんへの執着は、Aちゃんの青虫に対する執着と比べるとずっと「色、金、名誉」に近いように見えます。とはいえ、とりあえずは、その動機は、あからさまには性的でも、金銭的でもありません。最初の空色のランドセルのつかみの部分も、名誉と関係しているといえばいえるのでしょうが、それはあくまで入り口であって、すぐに何か別の動機がBちゃんの心を占めるようになってしまったようにも見受けられます。

「名誉」というのは、人に認められたいという承認欲求のことですから、Bちゃんの行動には一貫して色濃くその要素はあるでしょう。しかし、Aちゃんに単に認めてもらうという承認欲求だけではなくて、Aちゃんと親密な関係になりたい、もっといえばAちゃんの心の中で自分が一番大きな関心を占めたいという気持ちがなくては、その後の行動を説明することは難しいようにも思えます。それを直截に性的という言葉で呼ぶのは適切ではないのでしょうけれど、「色」が単に性的欲求のことではなくて、愛欲と考えるならば、Bちゃんの一連の行動の動機は、やはり大きくは「色」と密接に関連していることになるでしょう。『牡丹と薔薇』での香世の行動原理を「色」とするなら、Bちゃんの行動にも、生活臨床的な意味で、「色」的な傾斜が大きくあるといってやはりいいように思えます。

対人希求性――「人を浴びる」

「色」と「名誉」をまとめる便利な言葉が、先ほどあげた対人希求性です。どのくらい他人を求める気持ちが強いかという意味です。「名誉」は他人抜きには成り立ちませんし、「色」というのは人が人を、性的関心を持って求める気持ちのことですから、当然、これも他人を求める気持ちということになります。発達障害的な心性を持つ人と健常発達的心性を持つ人の際だった違いとして、対人希求性の違いはよく指摘される特性の一つです。

健常発達的心性を何にも増して特徴づけるこの対人希求性も、しかし、過多となればたいへんな苦痛を自分にも他人にも与えてしまいます。今ではあまり精神科でみかけなくなった、いわゆる境界性パーソナリティを持ち出すまでもなく、『牡丹と薔薇』でもBちゃんでも、あるいはＷｅｂ漫画の悪女転生ものでも、過度の健常発達的心性があるところではどこでも見出すことができそうです。

『人は、人を浴びて人になる』という卓抜なタイトルの本を、精神科医でご家族が当事者でもある夏苅郁子《なつかりいくこ》先生という方が書かれています。「人を浴びる」ことこそが、生活臨床で言うところの統合失調症を顕在化させる「色」や「名誉」が成り立つ条件であって、それとの直面化をできる限り回避するのではなくて、一歩前へ出て浴びることが、いかに大きな勇気を必要とするかは、ちょっと想像を絶するところがあります。不意に雨に打たれれば、なすすべもなく濡れてしまうのと同じように、人を前にすると、好むと好まざるとにかかわらず、人は私たちのうちへと入ってきてしまう。この人を前にしたときの健常発達の心性に特有のしんどさを見事に活写しているからこそ、「人を浴びる」という言葉は私たちの心をざわつかせるのではないかと思えるのです。

清水光恵《しみずみつえ》先生という自閉症スペクトラムの心性を精神病理学の立場から研究されている専門家の方がいらっしゃるのですが、「人を浴びる」ことへの感度が、統合失調症の心性を持つ人では敏感のほうへ傾くのに対して、自閉症スペクトラムの心性を持つ人はむしろ鈍感のほうへ傾くのではないかということをおっしゃっていました。もちろん、自閉症スペクトラム障害も統合失調症も、とても多彩で一つのものではない可能性もじゅうぶんありますから、そんなに簡単に割り切れはしないと思いますが、「人を浴びてしまう」ことへの感度が、いわゆる健常発達の人を真ん中に挟んで、自閉症スペクトラムと統合失調症で対極にあるというのは、なんとなく納得がいくような気もします。

冒頭のAちゃんは、人への感度が鈍いわけでは決してないのですが、自分には何がおもしろいのかが、人が何をおもしろいと思うのかを考えるよりも常に優先されるという性質が際立っていました。

いじコミとは、平成・令和的に表現するならば、どれくらい人が「いいね」をクリックしてくれるかが、自分自身がそれを「いいね」と思うかどうかよりも重視されるコミュニケーションのことです。いじわるを適度に処方でき、適度に感じることが、健常発達を格別に特徴づける能力だと思われますし、その能力をそれなりにマスターした人のほうが数が多いので、「健常」発達と呼ばれているわけです。

しかし、Aちゃんのことを、ADHDという病として捉えるのだとしたら、公平に眺めれば、Bちゃんや香世もそれに負けず劣らず病んでいるようにも見えます。大げさに言うならば、それは人間であることの病ともいえるかもしれませんし、昔の言葉では、「神経症的」と呼ばれていた事態とどこかかぶるようにも思えます。

親切という負債

健常発達を特徴づけるいじわるコミュニケーションと書きましたが、親切コミュニケーションももちろん成り立つと思います。

実際、BちゃんがAちゃんと仲良くなりたいのだとしたら、いっしょに帰ろうとストレートに言ったほうが、いっしょに帰ろうと言って待ちぼうけをくらわせて、他の子と帰るという複雑な行動をとるよりもずっと上手くいきそうなことは間違いありません。Aちゃんを B ちゃんからかばった男の子は、Aちゃんに親切だったわけですが、そのほうが言うまでもなくいじわるをするよりずっと得るものは普通の意味で大きそうです。

親切ではなくていじわるのほうが、より健常発達者を特徴づけるというのは、健常発達の人がみんないじわるだという意味ではもちろんありません。そうではなくて、健常発達の人が、どちらかといえば、他の人が自分をどう評価するかが、自分が何をしたいのかよりも優先される人たちのことだとすれば、相手と自分とは別々の存在で、別の利害損得があり、自分が思っていることと相手が思っていることは違うのだという前提が前もって成立していることが必要になります。

四捨五入的に言うと、いじわるの場合には、自分がどう感じているかということと相手がどう感じているかの違いは鮮明ですが、親切の場合には不鮮明になります。もちろん親切はタイミングその他によって、マウンティングだと感じられてしまうこともしばしばありますから、その場合は両者の不一致は明らかです。しかも、こうした場合にはしている側は意識的には親切であっても、意識下では相手に対して優位感情をもって実際にはマウンティングしようとしているのですから、そうした親切はむしろいじわるの変形、あるいは応用形といえるでしょう。

健常発達の人では、いじわるは直線的に伝わるのに対して、親切は一定の条件を満たしていないとそう簡単にはいきません。「そんなことない。旅先で困っている時に助けてもらってどんなに嬉しかったことか」という反論は当然あると思いますし、親切にまつわるちょっといい話は新聞やテレビでも枚挙にいとまがないほどです。

しかし、一回きりの親切の場合はそういうこともままあるのだと思うのですが、くりかえし一方が他方に親切にする状況であったり、一回だけであってもたとえば腎移植で片方の腎臓を提供するといった大きな親切だったりする場合、与える側がたとえ無垢であったとしても（後から触れるようにこれもなかなかに難しいことなのですが）、受け取る側にとっては、たいていは一定の重さをもった負債になりますし、またある意味当然そうでなければ忘恩にもなってしまいます。

健常発達の人同士の掟

一例をあげましょう。障害のために、高校二年生から階段を荷物を持っては自力であがれなくなってしまった女性がそれから何十年かして言ってらっしゃったのですが、その時に同級生に「ありがとう」と毎回言わねばならないことが正直を言うと耐え難いほど嫌だったそうです。彼女は同級生が純粋な善意から彼女の荷物を持ってくれているのをわかってはいたのに、それでも「ありがとう」を言うことは、彼女にとっては常にどこか屈辱的に感じられたそうです。どうしてそうだったのでしょう。いくつかの仮説を考えてみたいと思います。

一番単純な仮説は、「同級生が自分たちはちゃんと階段を上れる健常な体を持った人間であることを自分に対して無意識に見せびらかしていたから」というマウンティング説ですが、実際にこんなことを考えている人がいるとはとても思えません。

次に可能性があるのは、忙しい同級生の手を毎回煩わせて申し訳ないという気持ちが、負担となったという仮説ですが、そうであれば、屈辱的というのがしっくりきません。たとえば荷物を持ってくれたのがヘルパーさんや看護師であれば、彼女はそれなりに平気だっただろうと言います。その借りはある意味金銭によってその都度清算されているからです。

それから同級生との関係が、今回は持ってもらっても次回は持ってあげることができるようなギブ・アンド・テイクの関係であればこれも問題にはならないでしょう。この借りはすぐに返すことができる、取るに足りない借りだからです。これしきのことであれば、たとえ実際にはお返しをしなくても心の中に誰もが持っている恩の貸借対照表に、いちいち貸し借りとして記入したりする人はいないはずです。

足が不自由になった同級生のために、荷物を階段の上まで運んであげるというのはそれほどたいした作業ではありませんから、運んだ同級生はおそらく誰も貸しを作ったとは思ってはいないに違いありません。しかし、彼女は、誰かに荷物を運んでもらわなければ物理的に階段を上って教室に行けませんでした。

　つまり小さなことではあるのですが、毎回毎回階段を上るたびにかならず「ありがとう」を一方的に言わなければならず、たとえ言わないにしても、ありがとうと思わない場合、大げさにいえば忘恩の徒となってしまうという健常発達の人同士の間の掟が彼女を縛っていたともいえるのではないかとも思えます。

　そういえば、学生の時に学費値上げ反対のための学費ボイコット運動というのがあって（趣旨やら詳細は忘れてしまいましたが）、たしか大学側がこれ以上未納を続けると放校にすると脅してきたので（大学側が本気だったとは思えませんが）、みんなで侃々諤々《かんかんがくがく》の議論をしていたことがありました。その時にすっくと立ちあがった同級生がいて、「みんなもっと真剣に自分のこととして議論したらどうだ。学費値上げ反対などと言っていてもどうせらちがあかないのだから、困っている同級生がいたらバイトでもなんでもして、みんなで助けたらいいじゃないか」と演説をしたのを覚えています。

　彼は当時かなりちゃんとしたマンションを買ってもらっていて、マンションを買ったほうが借りるより結局は安いから、このほうが得なのだと言っていたくらいのまあまあのお金持ちでした。一方の私はといえば、ちょうど彼のマンションから見おろされる位置にあって、便所コオロギが出るような共同トイレの昭和的下宿《げしゅくやど》宿に住んでいるそれなりの貧乏人です。学費は自力で払えたのですが（当時は破格に安かったので）、どう考えても彼の提案が実行されればみんなに（あるいは彼に）援助してもらう側の立ち位置にいたことは間違いありません。

その同級生はとても男気のあるいい人だったので、衷心からの思いやりでそう言っていたことは間違いありませんが、実際に援助を受けたわけではないというのに、その演説以来、この同級生のことが大嫌いになったのを覚えています。

「記憶なく、欲望なく、理解なく」

「記憶なく、欲望なく、理解なく」という、精神分析家ビオンの有名な言葉があります。この言葉は精神療法をおこなう場合に、めざすべき姿勢を凝縮した標語のようなものです。

「記憶なく」というのは、相手がこれまでに言ったことや他の人とのやり取りのなかで見知ったこと、あるいはそれまで学んできた理論などから目の前の人の気持ちを安易に類推してはいけないといった意味です。「欲望なく」というのは、相手に早くよくなって欲しいとか、私がこの人をよくしてみせるといった自分の願望を相手に押しつけてはいけないという意味です。

「理解なく」というのは、記憶なくとかぶりますが、相手の気持ちを簡単にわかったと思ってしまわないことです。わかったと思った途端に思考停止に陥り、それ以上相手のことを理解しようとはしなくなることを戒めています。たとえば、癌を宣告された人や震災で家族を失った人に「あなたの気持ち、わかりますよ」と安易に声掛けをしてしまったら、それに対して返ってくる反応が「あんたなんかに私の気持ちがわかってたまるか」であることは容易に想像されるでしょう。

感情移入とエンパシー

内海《うつみ》健《たけし》先生という方がとても上手にこのあたりの事情を、英語のエンパシー“empathy”とドイツ語の感情移入“Einfühlung”の違いとしてまとめていらっしゃいます。英語のエンパシーというのはドイツ語の感情移入の訳語として作られた新しい言葉なのだそうですが、感情移入が自分の気持ちをひな型にして相手の気持ちを類推する、ある意味では知的理解であるのに対して、エンパシー（共感とでも訳したらいいのでしょうか）は、直接、相手の気持ちが自分に流れ込んできて相手と自分とが共鳴するといったイメージです。

たとえば、浮気の現場に踏み込んで浮気相手の女性を刺し殺してしまった人がいたとします。感情移入の場合は、「私だったらやらないような気はするけど、相手の身になって考えたらそんな気持ちになるのはわからなくはないね」と、「私だったらやらないような気はするけど」という留保がついていてもかまわないのです。感情移入の場合、自分が浮気をされた場合の気持ちをまずは自分のなかでシミュレーションして想像し、このくらい腹が立ちそうだから事情によっては殺してしまう人もいるかもしれないと判断することになりそうですが、社会一般の通念というか、「浮気の相手を殺してしまうことは時々はあっても不思議ではない」という記憶もこの判断には一定の役割を果たしているに違いありません。つまり、こうした感情移入は、ビオン的にいうならば「記憶なく」と「理解なく」の原則には反していることになるでしょう。

先ほどの、生活臨床での「色、金、名誉」を基盤にして起こる出来事に対して、たいていは私たちはこうした感情移入を容易におこないうることは先ほども触れました。他方で、お母さんが微笑むと、赤ちゃんが微笑み返すというのを共感の一つの原型として挙げることができるかもしれません。赤ちゃんはお母さんの気持ちがわかっているわけではありませんが、お母さんの気持ちに共鳴していることは誰しも認めるところでしょう。この場合、赤ちゃん側のエンパシー（共感）は、いかにも「記憶なく、欲望なく、理解なく」の原則に沿っていそうです。しかし精神療法的であるためには、これに加えて、最低限、自身の心の動きに自覚的である必要があります。

ところが、自身の心の動きに対して自覚的になるや否や、「記憶」や「欲望」や「理解」がそこには流れ込んで、もともとの純粋な心根は汚染されてしまいますから、注意深く選り分けていかないと、もともとの共感をそこから取り出せなくなってしまいます。そういう意味では、ビオンの標語は、実際には相当の修練を経て初めて可能になる、なかなかアクロバティックな行為であるということになります。

腎移植という恩のやり取り

ビオンの標語を、精神分析という特殊な空間ではなく、日常生活で実践するのは一層難しそうです。先ほどの荷物を持つのを手伝ってもらわなければ階段を上れなくなった女性や、便所コオロギの出る共同トイレの下宿に住んでいた私に、同級生たちはどう言えばその場合正解だったのかを考えていただくとわかるのではないかと思います。健常発達の人たちにおいて、相手に負債を背負わすことなしに施しをおこなうのがどうしたら可能なのかはいつもなかなかに難しいことになるからです。

　たとえば腎移植といった大きな恩のやり取りを考えると、難しさはより鮮明になります。一般的に成人間の移植においては、夫婦間の移植のほうが、親子間の移植よりも、移植後の精神的な確執が起こる確率は低いと言われています。こう聞くと、もしかするとちょっと驚かれる方もいらっしゃるのではないでしょうか。というのも、親子の情のほうが夫婦の情より強いのではないかという印象を持たれる人もあるのではないかと思うからです。

　しかし、実際には、夫婦はいっしょに暮らしているので利害の共有が多く、たとえば透析をしなくても済むことや、配偶者の活動範囲が広がることとの実際的な恩恵を受けることが多いのに対して、別世帯を持っている成人した子どもの場合、移植後に臓器を提供した親が受ける現実的な恩恵はそれほど大きくありません。そのため、親子間ではより純粋なそれこそ命の贈り物という側面が大きくなってしまいます。

　普通は言葉には出しませんし、場合によっては抑圧して自分自身でも気づかないようにしてさえいるかもしれませんが、少しでも我が子が長生きして幸せに暮らして欲しいという純粋な思いとともに、もし受け取った子どもが相応の感謝の情を示さない場合、ちょっとしたわだかまりが生ずる場合もあるのは無理からぬところです。

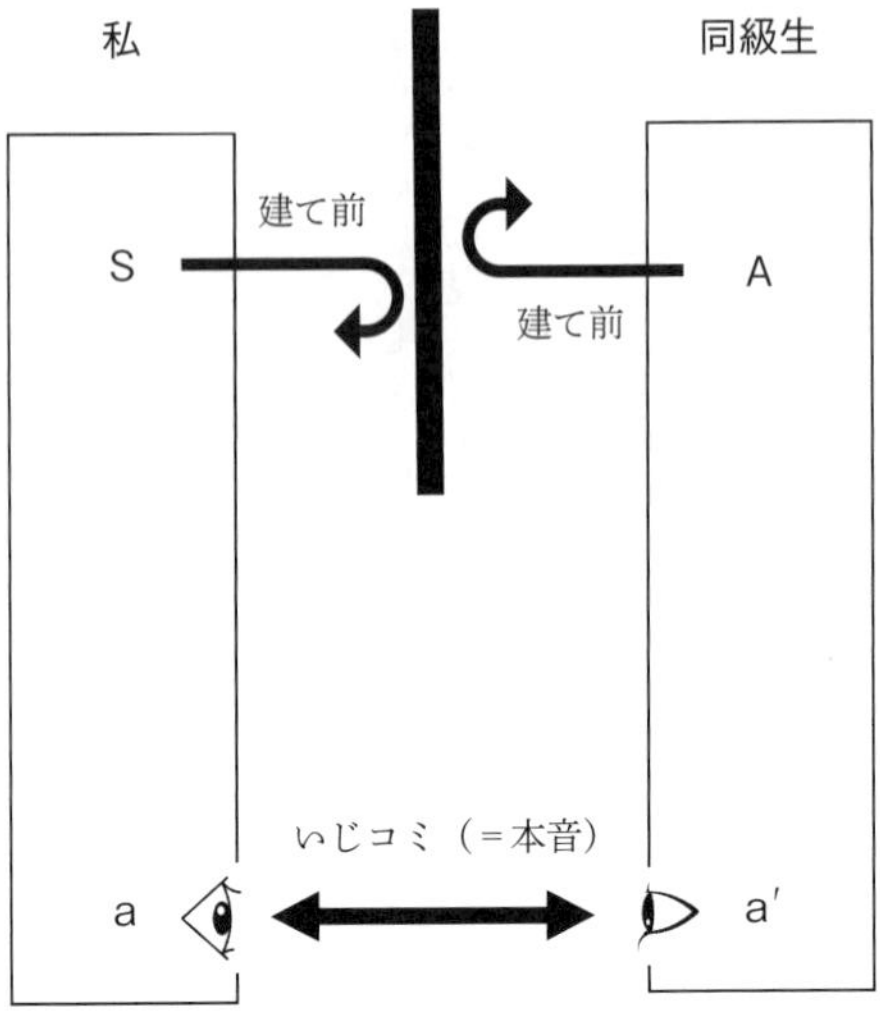

図1

さらにはまったくそうした思いが親側にはなかったとしても、大きな負債を、臓器をもらった子どもはどうやって返せばよいかわからないと感ずる場合もあるでしょう。なぜ、無償で腎臓のような、かけがえのないものを相手は与えてくれるのか。この問いに対する答えは「愛」しかないことになります。精神分析が基本的に相応の金銭を支払っておこなわれることを推奨されるのは、やり取りが無償に近い場合に生じてしまうこの「愛」の負債の問題を避けるためという側面があるといいます。

表と裏のコミュニケーション

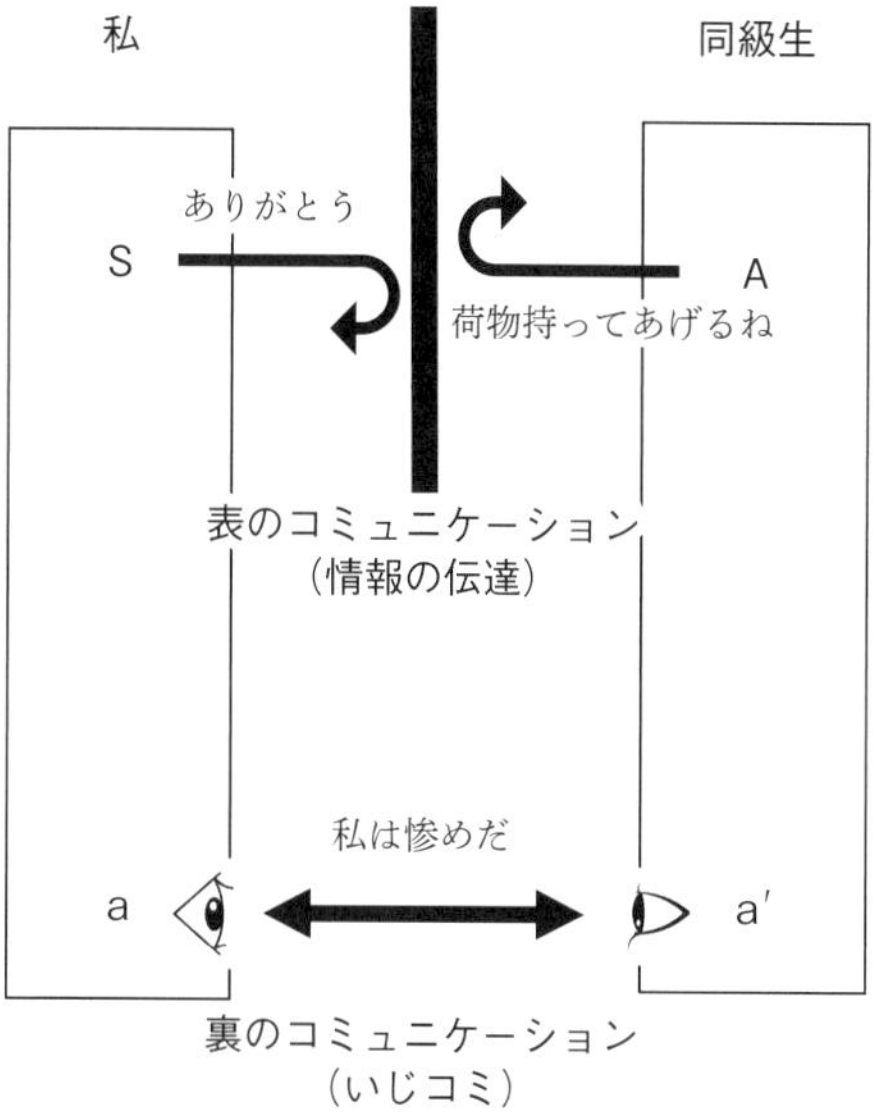

図2

図1はシェーマLという、ラカンという人が作ったとても有名な図を、ラカンやラカンが好きな人が見たら、かんかんに怒りそうなくらい変えて載せたものですが、いじコミを説明するのに便利そうなのでどうかご容赦ください（とりあえずこの図を「なんちゃってシェーマL」とでも呼んでおきましょう）。

「みんなで便所コオロギが出るような下宿に住んでいるK君の学費を助けてあげよう」というのが、Aの位置にいる同級生が公に言っている建て前です。建て前と言っても、くだんの同級生はほんとうにそう思って言っていたはずです。しかし、この善意は図1のSの位置にいる私には届きません。無意識というほど上等なものではないですが、aを私の、a′（エイ・ダッシュと読んでください）

を同級生のそれぞれの本音のようなものとしておくと、実際に援助を受けた場合、私は同級生に負債を感じるaとa′の間の関係に巻き込まれることになります。

同級生に荷物を持ってもらわなくてはならなくなった高校生にもまったく同じ構図が成立します（図2）。「全然気にしなくても、荷物くらいいつでも持ってあげるよ」というのが、同級生たちが公に言っていることです。あるいは言っていないまでもおそらくは意識的にはそう思っているに違いないでしょう。しかし、Sの位置にいる階段を上るのに荷物を持ってもらわなくてはならなくなった彼女にとってこの言葉はそのままでは届きません。

「ありがとう」と言わねばならないたびに彼女が意識的・無意識的に感じる負債感が、aとa′の間の裏のコミュニケーションになります。お金でかたをつけてしまうことができるならば、この裏のコミュニケーションは生じませんが、善意のかたちを取る場合、健常発達の人同士の間では、表のやり取りに付随して、この裏のやり取り、あるいは、いじコミが生じるのを防ぐのは、相当に難しいのがデフォールトなのです。

では、いっそ、aとa′の本音コミュニケーションだけにしたほうが気持ちがいいではないかと思われる人もいらっしゃるかもしれません。しかし、そうなると、『牡丹と薔薇』やWeb漫画の悪女転生もののようなことが実際に起こってしまうことになります。それでは私たちの生活は万人が万人の敵のようになってしまい暮らしていけなくなってしまいます。

健常発達者として生きるということは、必然的にこの建て前でいいことを言って、本音でバトルするという病理を抱え込むようになることを、このなんちゃってシェーマLは図示しています。

「いいね」への飢餓感

もう一つより大きな問題が健常発達の人同士の関係には生じます。健常発達の人同士の交流においては、基本的にはお互いがお互いの「いいね」を求めあうことが関係の基本の一つになります（なんちゃってシェーマLではaとa′の関係）。「いいね」を平和に言い合う分には一見『牡丹と薔薇』のような錯綜した関係に必ずしもならなくてもよいようにも思えます。しかし興味深いことに、この「いいね」は多くの場合には競合的なのです。

たとえば素敵な服を着てインスタ映えのする画像をアップしたとすると、同じようなインスタをアップした人とは「いいね」の数を競うことになります。BちゃんがAちゃんに迫っているのは、自分に一番の「いいね」をつけろ、なんなら人間だけでなしに、青虫なんかよりも自分にもっと「いいね」をつけろといった要求にさえエスカレートしそうな要求です。そこには自分への「いいね」が足りないという、汲めども尽きないような飢餓感があります。そしてじゅうぶんにこの飢餓感を満たしてくれない相手を不当だと感じ（おそらくはほとんどの場合は半ば無意識的なのでしょうが）、ある種の当然の負債の回収として、いじわる心がそれもまた汲めども尽きぬかたちで湧き上がってくる。

なんちゃってシェーマLに書き込んだ目の印のことも少し記憶にとどめておいてください。ほんとうのあなたやほんとうの私に、私たちの「いいね」は届くわけではなくて、いつもaとa′の関係しか私たちの目には見えないということを、ここに書き込んだ目は示しています（注1）。

第一章を簡単にまとめておきましょう。健常発達的な心性を格別に印づける特性の一つは対人希求性です。そして、Bちゃんにも香世にもいえることですが、対人希求性が過多になってしまうと、結果としては周りの人にも自分にもしんどい状況が生まれてしまいますから、そうした特性を障害だと呼ぼうと思えばそう呼べる条件は揃っています。さらに、健常発達的心性を持つ人の対人希求性は、周りの人の承認を誰が受けるのかを競い合う競合的な性質を帯びていて、だからこそ、健常発達の心性を持つ人は、宿命的に「いじコミ」のバトル・フィールドに投げ込まれています。そしてこのバトル・フィールドでは、表では良いことをいい、裏ではジャブを打ち合う「いじコミ」こそ、主だったコミュニケーションの形式なのです。

注1　もともとのラカンのシェーマLでは、世界は私を起点にして、私の目を通してしか私には見えないということが前提になっていて、私自身であるSからしか世界は体験することができないという構図になっています。なんちゃってシェーマLは、これをわかりやすいように第三者目線で書き直したので、Aの位置には同級生という私と同等の人格を持った他者が配置されたかたちになっています。原図では、自分が生まれる前からあった言葉の世界のような非人格的な機構がAには配置されています。

第二章　ニューロティピカル症候群の生き難さ

「健常発達症候群」

光岡英稔《みつおかひでとし》と福森伸《ふくもりしん》の二人が、ある対談のなかで、アメリカ自閉症協会有志が健常発達の人について作成した興味深い定義を紹介しています（https://gendai.media/articles/-/50640?page=4）。紹介されている「操作的診断基準」（注1）は以下のようになります。健常発達は、ここではニューロティピカル"Neurotypical"という言葉に当たるのですが、直訳すれば「神経組織として定型的な」とでもなるのでしょうか。「はじめに」で紹介したように、価値判断から中立的な定型発達に当たる用語が当然ながら用いられています。いずれにしても健常発達的心性を持つ人たちを「健常発達症候群」という障害としてみて、つぎのような健常発達の人の疾病的特性を挙げています。二人の対談記事をもとに紹介してみましょう。

（1）ニューロティピカル症候群は遺伝的に発生すると考えられています。
（2）非常に奇妙な方法で世界を見ます。時として自分の都合によって真実をゆがめて嘘をつきます。
（3）社会的地位と認知のために生涯争ったり、自分の欲のために他者を罠にかけたります。

（4）テレビやコマーシャルなどを称賛し、流行を模倣します。

（5）特徴的なコミュニケーションスタイルを持ち、はっきり伝え合うより暗黙の了解でモノを言う傾向があります。しかし、それはしばしば伝達不良に終わります。

（6）ニューロティピカル症候群は社会的関心にのめり込み、自分のほうが優れていると妄想し、周りの人間と強迫的に同じになろうとすることに特徴付けられる、神経性生物学上の障害です。

（7）悲劇的にも、発生率は非常に高く、一万人に対して九六二四人と言われます。

（8）治療法は現在のところわかりませんが、多くのニューロティピカル症候群を持つ人は、自らの障害を代償して、正常に自閉症の人と交わることができるようになります。

＊ただし、以上の引用は、訳出の問題があると思われるので、原文に当たろうと試みたのですが、原文はリンク切れしていて、シャルロッテ・ブラウンローの論文からの一部抜粋しか確認できなかったことを断っておきたいと思います。改訂版は、https://angryautie.wordpress.com/2013/06/24/the-institute-for-the-study-of-the-neurologically-typical/ で見ることが可能ですが「児童精神科医の本田《ほんだ》秀夫《ひでお》先生に教

えていただきました」、かなり内容が変わっているので、光岡と福森のものを、ブラウンローの論文をもとに改訂できる範囲で改訂して提示しています。

挑発的なパロディー

この「診断基準」のなかで、実際の行動パターンを評価するものは、(2)～(6)と考えられますが、Bちゃんと香世にどの程度この定義が当てはまるかを、まずは検討してみましょう。第一章を思い起こしていただければ、第2項と第3項が当てはまるのは間違いありません。たとえばBちゃんの行動は、言っていることと裏腹な意味がしばしば込められていましたし、香世は欲のためにぼたんを罠にかけ、生涯をかけて(ついには自身の視力を失う結果となっても)、争いつづけていました。「非常に奇妙な」という形容は、小さくはBちゃんの、極端には香世の不合理で理不尽な立ち居振る舞いを思い起こしてもらえば、説得力のあるものでしょう。

第6項については、社会的関心へののめり込み "preoccupation with social concerns" と自分が優れているという妄想 "delusions of superiority" は、Bちゃんにも香世にもやはり当てはまると思われますが、若干の注釈を要します。この「診断基準」は、明らかに、DSMという世界中の精神科医が使っている「診断基準」での自閉症スペクトラムの操作的診断基準に対する挑発的なパロディーとして提示されているからです。

そのために、「妄想」とか「強迫」といった精神医学的な用語への連想が働きやすい言葉使いが意図的に用いられているると思われるのですが、日本語の妄想や強迫と違って、ここで用いられている英語の delusion や obsession は、より日常語に近い読み方も実際にはできます。むしろ自分のほうが優れているとどうしても思いたいとか、自分が社会のスタンダードから外れていないかに戦々恐々とするといったニュアンスにとってもらうほうがより原意に近いかとも思います。

この第6項の自分が社会のスタンダードから外れていないかに戦々恐々とすること、それから第4項の流行やテレビやコマーシャルへの囚われは（SNSの「いいね」を入れてもよいと思われますが）、小学五年生のつばさちゃんがクラス内村八分にされたことを思い起こしていただくとよいかと思います。

第5項の、「特徴的なコミュニケーションスタイルを持ち、はっきり伝え合うより暗黙の了解でモノを言う傾向があります。しかし、それはしばしば伝達不良に終わります」については、頁をめくり返して、なんちゃってシェーマLを見返してもらうと、これと同じことが図示されているのがおわかりいただけるでしょう。

善意で荷物を持ってくれる同級生や、命の贈り物として愛情から腎臓をくれる両親に対して、水面下の気持ち（ありがとうと言いつづけるのが負担だ）は、言ってはならないばかりか思ってはいけないとさえ感じられてしまいます。これがなんちゃってシェーマLのaとa′の暗黙の了解、いじコミの原点の一つです。

なんちゃってシェーマLでA（＝同級生あるいは腎移植ではドナー）から、S（＝荷物を持ってもらわなくてはならなくなった彼女あるいは腎移植のレシピエント）への表のコミュニケーション（「全然気にしなくていいよ」「あなたが幸せになったらそれでいいの」）は実際には実感としては伝達されず、裏のaとa′のコミュニケーション（「おまえは私に大きな借りがある」）こそが受け取るべきメッセージとして伝わってしまうということが規則的に生じます。つまりここで言うニューロティピカル症候群を病む人たちにおいては、この伝達不良はたまたまそうなのではなくて構造的なものだということです。

第7項はおそらく言い過ぎです。全体がパロディーとして書かれているので、目くじらを立てるのは野暮なのでしょうけれど、よっぽど厳しめに発達障害の線引きをしないとこの数字にはならないように思います。つまりニューロティピカル症候群を病む人（いわゆる普通の人）は決してこれほどの多数派ではないということです。

ＡＤＨＤの脳科学――遂行機能と報酬系

少し視点を変えてみましょう。ADHDが病気なのであれば、ニューロティピカル症候群も病気だという考えに対しては、脳科学からは反論がありそうです。ニューロティピカル症候群は、健常なわけですから、脳科学的研究の対象としては、むしろコントロール群（参考として比較対象とされる正常群）ということになります。

まずは、脳科学的には、ADHDはどこに欠陥があると主張されているかを、ごく単純化してサマリーしてみたいと思います。脳のどの場所に問題があるのかを強調するタイプの説明と、神経伝達物質（注2）を強調するタイプの説明がありますが、別々のものではなくて、この二つのタイプの説明は相互補完的です。わかりやすくするために説明がかなり粗くなってしまっていることはご容赦ください。

ADHDについて、脳のどの場所に問題があるのかを強調するタイプの最初の仮説はごくシンプルなものでした。「物事の優先順位を決めることができない」「必要であっても難しい課題を後回しにして避けてしまう」といったADHDの人の特性が、遂行機能障害と呼ばれる脳の機能障害に結びつけられました。遂行機能というのはおおざっぱにいえば、物事をおこなう時に大なり小なり上手く段取りをつける能力と考えておいていただくとよいかと思います。

しかし、その後、ADHD的な人の行動特性は、遂行機能の問題としては説明しづらい側面もあることが指摘され、別の仮説がこれに追加されるようになります。「目の前のおもしろいことに引きずられて衝動的に行動してしまう」「躾《しつ》けにくい」「勉強の習慣がつかない」といった特性を説明するために、次に考え出されたのが報酬系と呼ばれる神経サーキットの機能障害説です。遂行機能の問題と報酬系の問題の二つ（ツー・トラック）でADHDのことを説明しようとする脳科学の仮説は、二重経路モデルと呼ばれているそうですが、最初の遂行機能障害の単線での説明と比べるとかなり手がこんでいて複雑になっていますから図示しておきましょう。

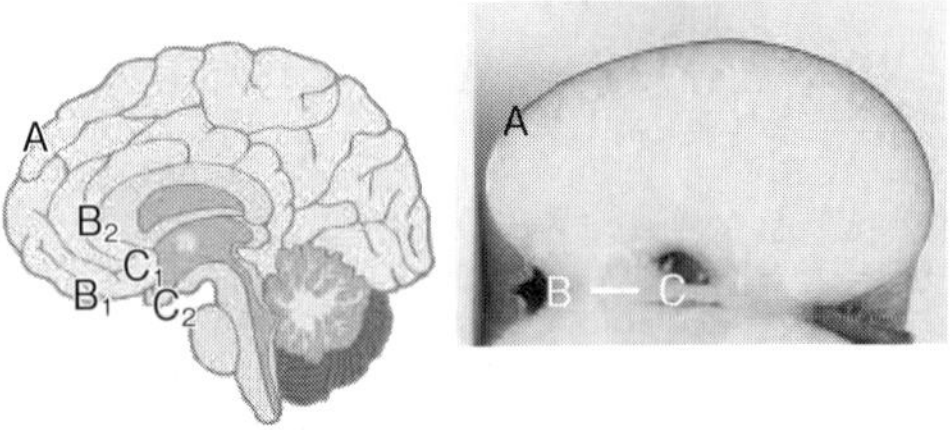

A：背外側前頭前野
B_1：眼窩脳; B_2：前部帯状回
C_1：側坐核（腹側線条体）; C_2：扁桃核

図3

遂行機能を司る脳の部分は、脳のかなり前のあたりで、かつ、脳の表面にある前頭前野の背外側《はいがいそく》（図3のA）というところにおおよそ対応しています。これに対して、報酬系に対応する脳のサーキットは、この本では側坐核《そくざかく》・扁桃核《へんとうかく》─眼窩脳《がんかのう》・前部帯状回《ぜんぶたいじょうかい》を結ぶ系ということに単純化しておきたいと思います。今・ここでの手触りのある快感、たとえばおいしいものを食べておいしいとか、好きな人の近くに行くと嬉しいとか、そうした快・不快を引き起こす脳の場所が、側坐核（C_1）、扁桃核（C_2）というところで、とりあえずその快・不快が直接短絡的に行動に結びつくのを制止しているのが眼窩脳（B_1）・前部帯状回（B_2）と考えておくとわかりやすいかと思います。

脳をりんごに例えると、図示したように、だいたいの位置としては、遂行機能系はりんごの表面の皮に近いおいしいところにあって、報酬系はりんごの芯からへたの反対へと向かうちょっと渋みのある部分の線上にその主要部分はあります（りんごのへたのある部分はりんごのお尻になるそうです）。

「佐藤錦のパック」＝「お母さんに手をパシっ」――力動発達仮説

報酬系ではドーパミンという神経伝達物質が大きな役割を果たしています。人口に膾炙《かいしゃ》している仮説は、DDTとDTDという略号で呼ばれています。

一つ目のDDTというのは“dynamic developmental theory”の頭文字です。「力動発達仮説」とでも訳せばよいのでしょうか。DDTは、条件反射が成立するために、動機付けのための事象の間隔はどのくらいまでなら開いても許容できるのかを最終的にはドーパミンの放出量と関連づけて説明する仮説です。

たとえば、スーパーマーケットの成城石井で佐藤錦の試食品がおいてある場面を想像してみてください。幼稚園の年長さんのたけし君は試食した佐藤錦があんまりおいしかったので商品の五六〇〇円という値札のついたパックにまで手を出そうとしてしまいました（最高級のやつです）。もちろんそうするとお母さんは「こらっ、だめよ」と叱ります。場合によってはパックに出した手をパシっと叩くかもしれません。スーパーでそのまま買い物を続け、また試食コーナーに来て、佐藤錦と再びたけし君がでくわしたとします。また手を出そうかなと思った時に、「佐藤錦のパック」＝「お母さんに手をパシっ」が頭によぎり、佐藤錦に手を出すのをやめるとドーパミンが出て、「ああ、よかった」と感じ、めでたし、めでたしとなる。ここまでは健常発達の子も、ADHDの子もとりあえずは同じだとしておきます。

しかし、健常発達の子では、この結びつきに対してたとえば次の週にスーパーに来ても、パックに手を出さないと「よし、よし」とドーパミンが出るという図式が維持されるのに対して、ADHDの子では持続的に出ているドーパミンの量が不足しているので、もうその時にはこの結びつきが維持されないと考えるのが、力動発達仮説です。

この仮説に従えば、健常発達の子では、一週後に佐藤錦のパックに遭遇しても手を出さないので、お母さんに「まあ、いい子だね」と褒められ、この条件反射が強化されて定着するのに対して、ＡＤＨＤの子では、佐藤錦のパックにその都度手を出してしまい、またお母さんに手をパシっとやられ、「こないだも言ったよね」と言われてしまうことになります。

その結果として、ＡＤＨＤの子は、何度怒っても同じことをくりかえす、躾けにくい子という印象を与えることになり、さらにあんまり怒られてばかりなので自信もなくなり、二次的に性格形成にも悪影響が出るといった解説になります。「力動」"dynamic"というのは、外部からの入力（お母さんが叱る）と個体側の変化（佐藤錦に手を出さない）がお互いに影響を与えながら変化することをあらわしているそうです。

新聞をとってくるだけではドーパミンが出ない――ドーパミン移行欠陥仮説

もう一つのＤＴＤというのは、"Dopamine Transfer Deficit"の略です。「ドーパミン移行欠陥仮説」とでも訳しておきましょう。たとえば、朝、郵便受けから新聞を持ってきてくれたら、佐藤錦をほおばらせてあげるということをお母さんが子どもに何回かくりかえしたとします。そうすると、健常発達の子では、佐藤錦をほおばらせてあげなくても、比較的速やかに郵便受けから新聞をとってくるだけでドーパミンが出るようになるのに、ＡＤＨＤの子では、郵便受けから新聞をとってくるだけでは、なかなかドーパミンが出るようにならないというものです。

ＤＤＴもＤＴＤも単純な報酬系によるその場その時の快感に飛びつくのではなくて、より長期的な対人忖度的な文脈での利害損得に沿った条件反射が成立することが健常だという発想においては共通しています。つまり直接的には周りの人たちがそのことをよく思っているかどうか、最終的には社会的にその行為がポジティブに評価されているかどうかで損か得かが判断されるということです。

このように「ドーパミン移行欠陥仮説」では、勉強をしたら褒めてあげる、あるいは勉強したらおやつをあげるという躾けを何回かすると、健常発達の子では、おやつをその都度あげたり、その都度褒めなくても、勉強するだけでドーパミンが出るようになり、人に言われなくても勉強するようになる。しかし、ＡＤＨＤの子では、その都度おやつをあげないと勉強しない、あるいは、ＤＤＴで説明するなら、健常発達の子よりもこまめに褒めたり、おやつをあげないと勉強の習慣がつかないといった事態が予言されることになります。

逆に言えばこのことは、バリバリの健常発達の子、つまり健常発達の心性の度合いが強い子では、もともと自分が何かに直接触れて感じた快や不快は、すぐに周りの多くの人が良しとする行為や目標への価値づけに置き換えられてしまうということです。それこそが、躾けやすいということなのですが、つまりそれは、社会制度的な正しさが自分の実感に置き換えられ、自分が本来は何を求めていたのかが容易に曖昧になってしまうというリスクと表裏一体だともいえます。

短期と長期の損得勘定――ギャンブリング課題

報酬系において、短期的・感情的損得勘定と長期的・理性的損得勘定のどちらが優先されるかを検査に落とし込んだものに、有名なギャンブリング課題というテストがあります。アイオワ大学の人たちによって開発されたものですが、日本語版では、「い」「ろ」「は」「に」の四組のトランプのデッキ（カードの山）があって、被験者はどのデッキからでも自由にカードを引き抜くことができるように設定されています。このうち、「い」「ろ」はハイリスク・ハイリターンのデッキ、「は」「に」はローリスク・ローリターンのデッキで、カードを引くと罰金と報酬が与えられるようにゲームでは設定されています。最初の所持金は二〇万円で、総回数一〇〇回ほど被験者はカードを引いて、できる限り多くの所持金を残したほうが勝ちという、単純化された人生ゲームとでもいうべきつくりになっています。

ローリスク・ローリターンのデッキを選んだほうが、最終的な所持金は多くなるようにゲームは設定されていて、ある程度、カードを引いてみると、ローリスク・ローリターンを選んだほうが最終的な所持金が多くなることがすぐにゲームの参加者にはわかるようになっています。

結果として、健常発達の人ではローリスク・ローリターンのデッキをゲームの後半では選ぶようになり、平均して三三万円以上の所持金が残るようになるのですが、ADHDの子どもや前頭前野—眼窩脳損傷のある人ではハイリスク・ハイリターンのデッキからなかなか離れられず、二〇万円を下回ることもしばしばあるといった結果が報告されています。

とりあえず、目の前の損得よりも最終的な損得を優先するほうが合理的だと考えるとすれば、非常に粗めに単純化してしまうと、ギャンブリング課題の結果は、前頭前野—眼窩脳がじゅうぶんに機能しないと、目の前の欲望に負けて合理的選択ができなくなってしまうという結果だということになるでしょう。

少しこれを拡大解釈すると、たとえば「今はしんどくても勉強する」「今は目の前の佐藤錦が欲しくても我慢する」というのも、合理的選択の優先ということになるでしょう。前頭前野—眼窩脳が優位性を持って働くことが長期的にはお得だという、こうした脳科学的な知見と経済学を結びつける手法が、最近アメリカでちょっとしたブームになりました。「ADHDの人だけではなくて、健常発達の人でもまだまだその優先は完全じゃない。もっともっとその優位性を徹底させたら、より合理的でお得な人生が送れるよ」というものです。ナッジ"Nudge"と呼ばれる手法で、私たちの不合理な選択をいかにして合理的な選択に導くかがそこでは議論されています。

ナッジ――不合理な選択からの「解放」

ギャンブリング・ゲームのような認知テストに落とし込んで課題を設定すると、そういう課題を設定した時点で、長期的利害損得の優先という合理的な選択ができないことは自動的に脳機能の欠陥とみなされる構図ができあがってしまいます。しかし、「合理的な選択」へと人々を導こうとするナッジの手法や後の節で話題にする『水曜日のダウンタウン』での芸人さんの行動などを少し吟味してみると、「合理的な選択」が選択できないことを、ほんとうに即欠陥と考えていいのかどうかについて躊躇《ためら》いが生まれてくるようにも思えるのです。ナッジをこの本で紹介するのはそのためです。

最初に同僚の森康浩《もりやすひろ》先生から聞いた時には、ナッジとは、英語によくある、何かの略号だと思ったのですが、そうではなくて、ちょっと肘で人を小突いて柔らかに人に何かを勧めるという一般的な動詞の意味から来た言葉なのだそうです。

ナッジは、行動経済学という分野で、不合理な選択を一般の人に無意識的に選択させてしまう思い込み（彼らはバイアスと呼んでいますが）から解放し、合理的な選択に導くという旗印のもとに開発されたある種の認知行動療法マニュアルで、リチャード・セイラーの手になるベスト・セラーがあります（前頭前野─眼窩脳が優越的に機能することと物事が合理的に選択されることを局在論〈脳のある部分が特定の機能に一対一で対応しているという理論〉のように直線的に結びつけてしまうのは、この部分の多機能性を無視する誤解を生んでしまうのは確かなので、報酬系のサーキットにおいて前頭前野─眼窩脳が果たしている長期的利害損得を優先させる脳の機能をシステム2、自分の今ここでの実感を優先する脳の機能をシステム1と、もう少しふんわりとした用語がナッジの議論で使われているのをここでも踏襲したいと思います）。

ナッジ理論を箇条書き的に確認しておきましょう。ざっとこういうところでしょうか。

1. 人には、価値判断をする際に二つの拮抗するシステムが存在し、普通の人では、システム1（不合理な系）のほうがシステム2（合理的な系）に対して優位であるために、特別な介入をしない場合にはシステム1に従って判断をくだす傾向がある。

2. システム1とは短期的な目の前の利得を優先し、情動刺激および単純で明快なメッセージを優先する系であり、システム2はより合理的で大局的な利得を顧慮する系である。

3. たとえば、新型コロナのワクチンでアナフィラキシーが起きて死んだ人がいるというニュースを聞いた場合、ワクチンをせずに死ぬ確率とワクチンをして死ぬ確率を比べると、客観的にはワクチンをせずに死ぬ確率のほうがはるかに高くても、一般の人では、デフォールト状態ではシステム1が優勢なため、ワクチンをしたら死ぬのではないかと不安になる（プロスペクト理論というものによればこれを「微小確率の過大評価」というそうです）。

4. ナッジ理論では、「新型コロナワクチンを打つとアレルギーで死ぬ人がいる」というシステム1に操作されて普通の人が抱く判断基準（この判断基準のことを参照点とナッジ理論では呼んでいるようです）を、「危険はないわけではないけれど新型コロナに感染してしまうほうがより危険」という判断基準へそっと導く（ナッジする）。

＊ここのところを書いている時はデルタ株が流行していて、医療崩壊が切迫していた時でもあったので、医療関係者の間では、こうしたナッジの目標設定は、合理的判断として共通認識であったように思います。オミクロン株以降になって、重症化を予防する効果はあるものの、ワクチン接種が「合理的」かどうかの判断はおそらくはそれよりも揺らいでいます。後から話題にするのですが、合理的判断は、常に誰かの目から見た場合の合理的判断です。そうなると、本当に本人が気づかないうちに特定の判断に導いていいのかどうかが大きな問題となるのはいうまでもありません。悪く言えばナッジは、極端にはステマ（ステルス・マーケティング）の一種だからです。

合理的選択が唯一の正解!?

ナッジの手法というのは、リバタリアン・パターナリズムとも呼ばれているそうなのですが、このリバタリアンというのは、無理強いではなく自分の自由意思で選ぶ手助けをするといったニュアンスです。パターナリズムというのは、お父さんが自分の子どもに対するように、じゅうぶんに合理的に考えうる状態ではないと想定される人に対して、その人の最善の利益になる選択肢を代わりに用意して、その最善の選択肢を選ぶように仕向ける姿勢とおおよそ考えていただければよいかと思います。しかしそうなると「その人の最善の利益」「じゅうぶんに合理的に考えている状態」というところが問題になってくるのは容易に想像できます。

『「ナッジ」とは? あなたも知らないうちに誘導されているかも?』(二〇二〇年九月一八日。公開は二〇一七年七月二七日、https://ferret-plus.com/7863)という記事をネット上で見つけたのですが、そこではナッジの例として、

・コンビニのレジ前に足跡をつけておき、そこに並ぶように誘導する
・ネットショップの会員登録時に、メルマガ登録のチェックボックスにすでにチェッ

クが入るように設定しておき、登録したくない人はチェックを解除するようにする
・レストランのメニューのうち、特定のメニューにのみ「おすすめ」を表示しておく

の三つが提示され、その記事の末尾は、「このように、ナッジはあくまで選択の余地を残しながらも消費者を特定の選択肢に誘導させるという手法です。消費者にとっては自発的に選択した感覚があるため、商品やサービスの体験を損ねません。そのため、マーケティングや営業においても、顧客を満足させつつ自社の誘導したい選択肢へと導く方法として知っておきたいところでしょう」というおすすめの言葉で結ばれていました。

右の例でも、コンビニのレジ前の足跡はさておき、メルマガのチェックボックスとレストランのメニューのおすすめでまず利益を得るのは、誰でしょうか。先ほどのパターナリズムの例でいうならお父さんか子どもかといえば、お父さんのほうになります。

外国で何がおいしいかよくわからない場合、旅慣れた人は“What do you recommend?”（「おすすめは何ですか?」）と尋ねたりするわけですが、日本人では（特に昭和系の日本人では）気後れがしてなんだかよくわからないのに適当に頼んで失敗したりするなどということもありました（自分のことですが）。その時に「おすすめ」の印がついていると親切には違いありませんから、ウィン・ウィンといえばそれはそうです。

しかしレストラン側は、おすすめについては仕入れを多くしているかもしれず、しかもたとえば今日は市場でサンマが安かったので、サンマの料理をおすすめにしているのかもしれません。たしかにサンマ料理もおいしいかもしれませんが、レストラン側にとってもっともいいことと、お客にとってもっともいいことが常に完全に一致するとは限らないのはいうまでもありません。それに、特に自分がそれとは意識せずに誘導されていると思うと、それほど気持ちのいいものではないというのが一般的な受け止め方でしょう。

グーグルの広告が私たちの個人的な好みや嗜好を暗黙裡に解析し、その人が欲しがるものを購買するようにそっと仕向けるのに対して私たちが感じる気持ち悪さを思い起こしていただければよいかと思います。つまり、合理的選択こそが唯一の正しい正解であって、合理的選択以外の選択肢を選ぶのは、完成型から一段劣った何らかの欠陥なのだから、そこはちゃんと合理的判断ができる人が修正してあげたほうがいいのだという考えには、私たちに若干の違和感を引き起こすところがあるのです。

ゴシップを聞くか、約束か

しかし、ナッジ推進派の人にはそれでもやはり言われるかもしれません。あなたの報酬系は、ちょっと眼窩脳かどこかの鍛え方が足りないのか、側坐核とか扁桃核の快感にそのまま引きずられて目の前の損得に飛びついてしまって長期的・合理的な利害損得を見失うちょっとおバカなことになっている。システム1のおバカさ（あるいはバイアスのおバカさ）に我知らず操られている分には不快に思わないのに、あなたにとっても得になる選択に導くナッジに操られると、どうして不快になるのか。それこそ、その不快感はあなたの文明開化していない脳の体制があなたにそう思わせるバイアスの一つではないか。同じく操られるのであれば、システム1という、あなたに損害をもたらす動物的なバイアスではなくて、私が提供する、あなたにとって長期的には得になり、公共の利益にもなるバイアスに操られるほうがましではないか、と。

『水曜日のダウンタウン』という番組で、偽のゴシップを芸人に聞かせて、打ち合わせの約束とどちらを優先するかを試す企画がありました。TBSテレビの局内の喫茶店で待ち合わせのために座っている芸人さんに聞こえる距離で、客を装った仕込みの二人組がいかにも標的になった芸人さんが興味を持ちそうなゴシップを肝心の名前が出そうで出ないという話しぶりで延々と話しつづけます。芸人さんにはそのゴシップが佳境に入っているところで連絡が入り、打ち合わせ場所が変更になったので、すぐに別の場所に移動して欲しいと言われるのですが、どのくらいの時間、移動せずにその場所でゴシップを聞きつづけるかを試すという企画です。

ゴシップを聞きたいという気持ちはシステム1的行動、すぐに打ち合わせ場所に移動するのはシステム2的行動にあたるといえるでしょう。四人中三人の芸人さんが、システム1の誘惑に負け、ゴシップのなかで話題になっている人物の名前を聞こうと、呼び出されているのに何人かは嘘をついてまで、そこにとどまってしまいました。

大事な約束の時間に間に合うことと、ゴシップの対象になっている人の名前を特定することを比べれば、合理的に長期的な利益を考えて約束に間に合うことのほうが大事なのは明白ですから、ナッジ的には大事な約束を守るように行動変容を促すことになるでしょう。しかし、番組の芸人さんたちが揃いもそろってさっと立ち上がって移動してしまい、ゴシップのほうに見向きもしなかったら、そもそもこの企画が没になってしまったことも間違いありません。

退屈な忖度

現実世界における長期的利害損得勘定における「得」とは、具体的にどんなことか、もう一度思い浮かべてみましょう。それはたとえば、スーパーの試食品売り場においてあった佐藤錦を食べたあと売り物にも手を出してしまわないこと、おやつをいちいちもらわなくても勉強すること、まだ眠いのに定時に出社することなどなどでしょうか。興味を引くゴシップを聞きつづけて大事な約束を後回しにしないこともそのなかに入れることができるでしょう。

ギャンブリング課題の設定だけをみるとよくわからなくなりますが、現実世界における長期的利害損得勘定において優先されている実際の選択は、「売り物に手を出さない」「勉強する」「時間厳守する」などいずれも周りの人たちの間では共通してそうあるべきだと考えられていることがらです。こうした、特段それと命令されているわけではないのにおこなわれる周りの人たちの価値づけへの自己規制的な配慮を、あるいはもっと広く世間一般の価値づけへの配慮を、とりあえずここでは忖度と呼んでおきましょう。そして、そうした忖度を身体化する機構を、システム2の対人的側面を強調するために忖度脳的振る舞いと呼んでおきたいと思います。

システム2が長期的には合理的で正しく、システム1を優先することは大人としてはおバカな選択だとわかっているのにシステム1を優先してしまう自分たちの愚かしさ、これが笑いの基本的な構図であって、合理的な忖度脳的振る舞いからはおもしろさはまったく出てこないわけです。

ナッジでは、システム1をシステム2で上書きできないおバカな人がたくさんいるという前提で話が進められてはいますが、ADHDの脳科学もナッジも、忖度が行き届くことこそがより正しいこと、より健康なこと、あるべき理想であるということが前提とされています。

しかし、『水曜日のダウンタウン』の例を持ち出すまでもなく、脳に仕込まれた忖度が行き届いたところには、行動における意外性やおもしろみはありません。ある意味、それは退屈であるともいえます。

ドーパミン移行過剰症としての健常発達

たとえば先ほどのドーパミン移行欠陥仮説をもう一度例にとって考えてみましょう。ドーパミン放出の原資は原本では"unexpected reward"と書かれています。直訳すれば、この原資は、「予想外の報酬」です。この原資となる報酬を、さくらんぼの佐藤錦だと考えてみましょう。そして、成城石井の試食コーナーに今度は小学生の勉君とお母さんがいる場面を想像してみます（図4）。

小学生の勉君にとって、成城石井の果物の試食で、初めて食べた佐藤錦は驚くほどのおいしさでした（これがシーン①、「予想外の報酬」です）。勉君は賢い子なので、勝手にパックの佐藤錦に手を出したりせず、「お母さん、ぼく、このサクランボのパックを買って欲しい」と、ちゃんとお母さんにねだります。お母さんは、五六〇〇円の値札を見て少し怯み

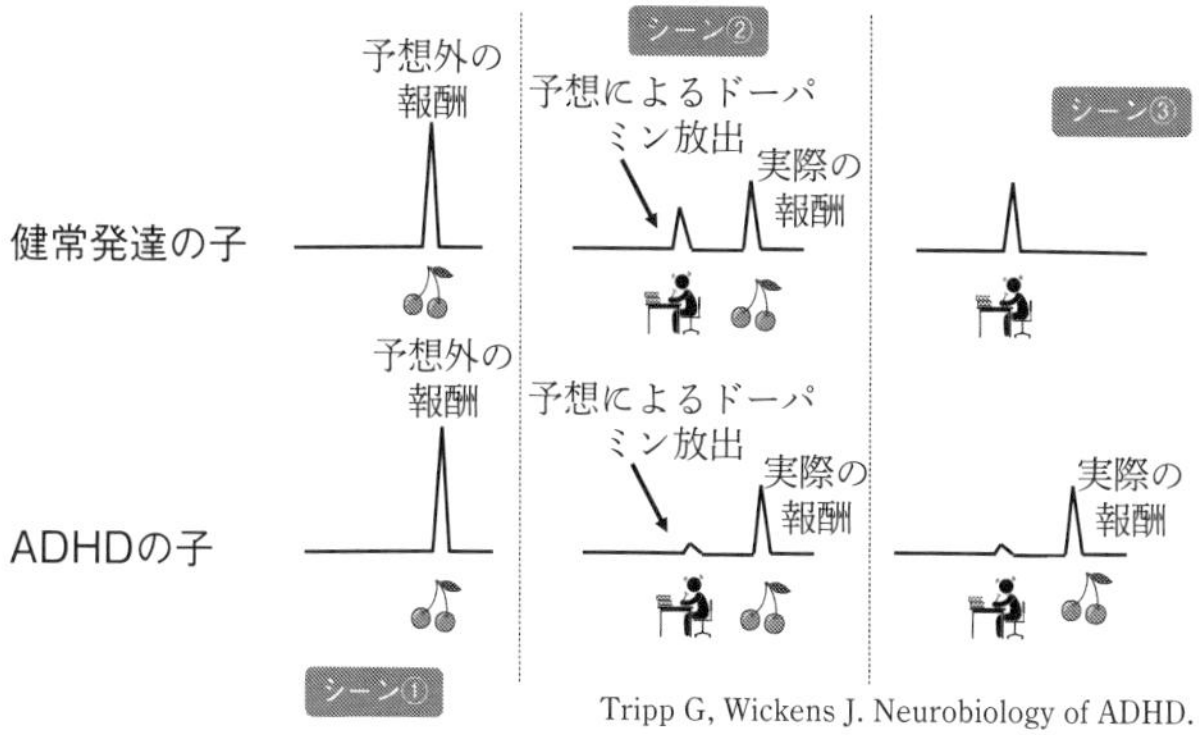

Tripp G, Wickens J. Neurobiology of ADHD. Neuropharmacology, 2009: 57:579-89

図4

つつも気を取り直していいます。「勉君、あなたが三回続けて算数のテストで九〇点以上とったら、買ってあげるね」勉君はあの絶品の佐藤錦食べたさに一生懸命勉強します。佐藤錦を頭に描いてこれを今の勉強と結びつけている勉君の状況、これがシーン②、予想によるドーパミン放出です。結果、勉君は、算数のテストで九二点、一〇〇点、九五点の成績をとり、見事、佐藤錦のパックを手に入れました。その後、勉君は、佐藤錦を買ってもらうという報酬がなくても、算数の勉強に対して、ドーパミンを出すことができるようになりました（シーン③）。めでたし、めでたし。ドーパミン移行の完成です。

　ドーパミン移行欠陥仮説では、ＡＤＨＤの子では、最初は佐藤錦に反応して放出されていたドーパミンを、最後は勉強に対して放出できるようにするという移行が、予想によるドーパミンの放出量が少ないために定着しないと考えるわけです。

しかし、勉君が、あの絶品の佐藤錦に成城石井の果物コーナーで出会った時、そこには彼のそれまでの経験からの想像では覆い尽くせない実感がありました。その甘さ、しかし微かなすっぱさ、アメリカン・チェリーとは異なる淡い、しかし見事な紅色の色合い。そこには舌先に広がる驚きと視覚的にははかなげな美しさがあって、この感覚は「予想外」の驚きを含んだ外からやってくる出会いでした。この時に出るドーパミン放出を原資として、お母さんのナッジに沿って、勉君は勉強へのドーパミン放出に移行させ、社会で生きていくための長期的利害損得としては有利な馴致《じゅんち》を脳のなかに仕込むことを成功させたわけです。しかしその代償として、原資である佐藤錦との出会いの驚きは取るに足らないものとして、後回しにされることになります。

このことが、つまり、佐藤錦が勉強よりもずっとドーパミン放出の優先度を下げることが、「ドーパミン移行欠陥仮説」における脳的馴致の成功ということだともいえます。勉強に限らず、ちゃんとした服装や食後の後片付け、宴会の席での接客の仕方など、私たちの生活には、ドーパミン移行をしなければならない事項が雨あられと降り注ぎ、いちいち佐藤錦に立ち止まっていてはあっという間に置いてきぼりにされてしまうことになるのですから、息せき切って私たちは子どもの脳的馴致に励まざるを得ません。

この「予想外の報酬」は、第五章で、健常発達の袋小路からの出口の可能性として別のかたちで改めて取り上げることになりますが、この章での一つのポイントは、ニューロティピカル症候群は、世界との生き生きとした出会いが、脳に仕込まれた他者への忖度に置き換わってしまうドーパミン移行過剰症であるという表現も可能なのではないかということです。

もちろん、眼窩脳の部分が事故などで完全に破壊されたりすると、他者への配慮がまったくなくなり、驚くほど酷薄な人間になってしまった有名なフィネアス・ゲージという人がそうであったように、めちゃくちゃなことになってしまいますから、忖度脳なんかなくせばいいんだといった乱暴な主張をしているわけでは決してありません。健常発達的特性には健常発達的な特性の、ADHD的な特性にはADHD的な特性の短所も長所もあるのではないか、一方を病気で他方を健康とみるのではなくて、ADHDがドーパミン移行欠陥症候群なのだとすれば、健常発達はドーパミン移行過剰症候群と解釈する余地もあるのではないか。ここでの脳科学の裏読みの試みは、脳科学での「健康」と「病気」の枠組みを少し相対化してみたかったということです。

感覚クォリアと現象クォリア

少し蛇足気味になりますが、じつはＡＤＨＤの脳科学は最近ではさらにややこしくなっていて、時間知覚の問題を加えた三重経路モデルという仮説が提唱されているそうです（注3）。少しＡＤＨＤの脳科学に深入りしすぎてしまう懸念はありますが、最近、送ってもらった二冊のベルクソン哲学の本が、この時間知覚の問題とあまりにストレートに結びついているので、ここで触れておきたいと思います。

ここでのキーワードとしてクォリアという言葉が出てきますが、クォリアというのは脳科学の用語で、赤なら赤、甘さなら甘さを主観的に実感する感覚のことだと、とりあえずは考えておいてください。直訳すれば「（客観的データでは説明しがたい）主観的な質感」ともいえるでしょうか。

時間知覚は一秒を境として、それぞれ別の系によって統括されているらしいということがわかっています。平井靖史《ひらいやすし》先生は、二〇二二年に出された『世界は時間でできている』という本のなかで、ベルクソンの時間論を下敷きにしたマルチ時間スケール解釈という仕方で、心がものの世界からどのように立ち上がってくるのかの見取り図を提案されています。時間知覚が一秒を境として別の系に統括されているという脳科学の知見は、平井先生のマルチ時間スケールの考えとよく一致しています。

ここで追記しておきたいのは、このマルチ時間スケール解釈をもとにして、ＡＤＨＤ的時間知覚も、報酬系の問題の読み替えの試みと同じように、通常の脳科学での欠陥という読み方とは別の読み方もできるのではないかということです。

マルチ時間スケール解釈とは、ひじょうに粗くまとめてしまうと、たとえば、生き物は複数の時間窓を持っていて、その時間窓に特有の〝凝縮〟（ベルクソン用語で縮約と訳される場合もあり）をおこなっていて、その時間枠内の要素を統合していて、そこから私たちの世界がそれぞれ別の階層において立ち上がってくるという学説です。平井先生の学説は、たとえば知覚の最小の要素である感覚クォリアは、二―二〇ミリ秒くらいの時間窓で起こる多様な（あるいは無数のといってもよいほど多数の）物理的出来事の凝縮として想定されているのに対して、我々の「今」を成立させる凝縮は、それよりもはるかに長い〇・五～三秒の時間窓において、今度はこの感覚クォリアを構成素としてさらなる凝縮がおこなわれ、階層が一つ上の現象クォリアが成立するといった建付けになっています。

クォリアの解説本で、茂《も》木《ぎ》健《けん》一郎《いちろう》氏は、コーラだと思って飲んだら、じつはミルクだった、という例を紹介しています。飲み物を飲んだ後の〇・五～三秒で、脳が前もって決め打ちしていたコーラの味は消され、「やってきた」外界と直接の接続性のある感覚クォリアが取り込まれ、「今」が再構成され、「あ、ミルクだったんだ」と違和感がフェイド・ア

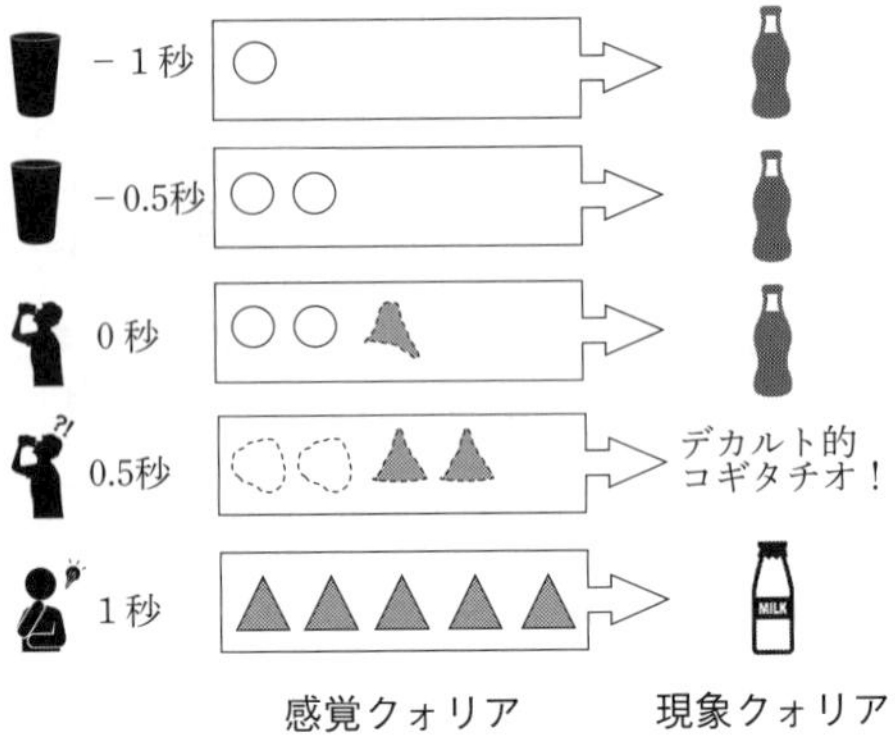

図５

ウトしていく。ふだんは現象クォリアで覆われてしまって気づかれることなく通り過ぎられていく感覚クォリアが、最初にコーラだと思い込んだそれがミルクだったことで、息を吹き返した一瞬の違和感がそこでは見事に活写されています（図５。図中の謎の文言「デカルト的コギタチオ」は、今は無視しておいてください。第五章で解説します）。

　茂木さんの例では、現象クォリア同士が衝突してバグとして現象クォリアに回収され損ねた生《なま》の感覚クォリアが零れ落ちてしまったともいえるかもしれません。

未完了感覚クォリアの豊かな可能性

　健常発達的な人では、時間は比較的一定のリズムを刻むのに対して、ＡＤＨＤ的な人では時間のリズムの刻み方がよりばらついてしまう時間知覚の問題が、ＡＤＨＤの三重経路モデルでは指摘されています。藤田尚志《ふじたひさし》先生は、物質から心がどのようにして立ち上がるのかという問題を、同じくベルクソンを素材としながら、平井先生とは別の角度から、リズムを刻むことをキーワードとして取り扱われています。

科学をはじめとして、世界のなかで有用なものは、数を数えることができるものです。それは平井先生的に表現するのであれば、すでに完了しているもの、もっと正確にはアオリスト的相にあるもの、あるいは意味を決定されてしまっているものとも表現できるでしょう。リズムを刻むことは、数える所作の初めの一歩、つまりは未完了態にあって自らがどのようなかたちに落とし込まれて意味の一端を担うかが、まだ未決定なかたちで待機しているものを、完了体へと凝縮させる最初の所作であると藤田先生の『試論』解釈では、捉えられています。

我々への馴致がこの数える所作の初めの一歩にまで及び、安定した一定のリズムで数が刻まれるのがニューロティピカル的であるのだとすると、ＡＤＨＤ的あり方では馴致はそこまでは徹底しては及んでいないと考えられるのではないか。このむらのあるリズムで掬い取られた現象クォリアにおいては、茂木先生がミルクをコーラだと思って飲んだ時に一瞬明滅したような、生の未完了的感覚クォリアがバグのように回収され損なう可能性はより大きくなるのではないか。そしてこの未完了的感覚クォリアは、「やってくる」ものの貴重な原資となるポテンシャルを秘めているのではないか。

つまり、逆から言えば、健常発達的心性が隅々まで行きわたった場合、世界は現象クォリアという、整序され完了した世界に満遍なく覆われて安定するわけですが、世界の外からやってくる予想外の「生」のものとの出会いの可能性はその代償として極小化され、先ほども少し触れたように同じことのくりかえしでしかない、もうすべてがわかってしまった退屈な世界になるおそれがあるのではないかということになります。

ＡＤＨＤ的時間知覚の問題をポジティブに読み込むためのもう一つの提案であり、第五章への準備です。

注1　いくつかの対象の客観的に判断できると信じられている特徴となる項目をリストアップし、そのいくつかの項目を満たせば、その対象だと判断できるという構造を持つ診断基準をいう。別々の研究グループの間でデータの比較がより容易にできるように精神科領域では始められたが、現在は、身体疾患における診断基準と同じように扱われている場合もある。
注2　神経伝達物質：ドーパミン、セロトニン、ノルアドレナリンなど、神経細胞と神経細胞をつなぐシナ

プスと呼ばれる間隙で、神経細胞間の伝達を調節する物質をいう。

注3　デフォールト・モード・ネットワークの休止障害：さらにいえば三重経路モデル以外にもうひとつもっと新しい仮説があって、ＡＤＨＤ的な人では、デフォールト・モード・ネットワーク“default mode network: DMN”が上手い具合にオン・オフしないのではないかという説があります。ＤＭＮというのは、脳が内的・外的環境の認知を休止する時に活動する脳の部分のことをいいます。りんごでいうなら表面に近いところは外界の認知を盛んにしている時に、活性化されるわけですが、その場合には芯に近いところにあるＤＭＮは交代して活動を停止していなければなりません。外界の環境と認知的に関わらなければならない時に、ＤＭＮがちゃんとオフの状態にならないと、夢見がちなぼんやりした感じになってしまうと説明されています。

第三章　ほんとうは怖い「いいね」と私

アイデンティティが奪い返されるかもしれない不安

第一章では、健常発達も行き過ぎれば病といってもよいような状態になること、第二章では、ではそれがもし病であるとしたら、どのようなかたちをした病なのかということの輪郭線を描いてみることを試みました。結局、それは対人希求性、あるいは周りの人への忖度に搦《から》めとられてしまう状況であったわけです。

この章では、対人希求性依存、あるいは忖度過多症候群と言い換えることもできるかもしれない健常発達という病を、最近の「いいね」の数を競って集めあう現象に少し重ね合わせ、その内実をもう少し深く見ていきたいと考えています。「いいね」は「私」というものに深く食い込み、時に死に至る病にもなるからです。どうして「いいね」が、私たちを死に至らしめうる病理となるのか、この章ではそこを考えてみたいと思います。

先ほどのシェーマLの改変図に戻りましょう。自分はどんな人間かという自分・像は誰でも持っています。先ほどのシェーマLを描いたラカンは鏡像段階という、その筋の人にはよく知られた理論のなかで、自分・像は、もともと人から盗んだものなのだ、だからたとえば香世を例にとれば、薔薇のブローチに象徴される今の自分のアイデンティティがいつか奪い返されてしまうかもしれないという香世の不安は、香世個人に特異な歪んだ世界観による錯覚なのではなくて、一般的に、健常発達の人が自我を形作る基本的な特性なのだという話をしています。

　Bちゃんを例にとれば、空色のランドセルがかぶることも同じように自分のアイデンティティが脅かされることとつながっていくわけです。自分が自分について持っているイメージというのは、キャラを作るというのよりも、もう少し肉付き面的で、「私とは何？」とか「自分は誰？」とかといった問いの答えと大きく重なっていて、自分の視覚的な見てくれに自分的なさまざまの特性が分かちがたく付着してしまっている何かです。

　もっと正確にいうと、自分的なさまざまの特性を一つにまとめ、たとえば「香世」とか「Bちゃん」とか一まとまりにするかすがいと表現するほうが、よりぴったりと来るかもしれません。

　たとえば、香世にとっては、社長令嬢、容姿端麗、楚々とした立ち居振る舞いなどが彼女の自己イメージに結びついていそうですが（少なくともぼたんと最初に会った時には）、ダイヤがあしらわれた薔薇のブローチがよく似合う女性という印は、彼女の顔かたちと一体になって彼女の自分・像を束ねるかすがいであって、譲り渡しがたく彼女を彼女という一続きの存在として束ねる何かではなかったかと思われます。

　香世にとって、薔薇のブローチを譲り渡し、ぼたんがそれを受け取ることは、あなたと私が分かちがたく結ばれたことの承諾、すなわち一種の血肉を分けた契りの約束であったはずでした。それなのに、香世から見れば、ぼたんはまるで婚約指輪を受け取って将来を誓い合った後に、結婚式の前夜に黙っていなくなった不実な花婿のように、その契約を不履行のまま突然いなくなりました。

香世の側から見るならば、ぼたんの仕打ちは、香世を徹底的に辱め、彼女の自分・像に唾をかけて逃走したのにも匹敵するともいえることになります。そうなれば、香世がその裏切りに対して、相手を打ち滅ぼさずにはいられないような憎しみを抱くのは当然といえば当然のことでしょう。

鏡に映る私の姿は、実際にはあなたから私が奪ったもの、あるいは奪うはずのものなのだという隠された私たち人の生い立ちにまつわる感覚が、『牡丹と薔薇』では誰にでもわかるかたちで暴かれているからこそ、『牡丹と薔薇』的な物語は見る人を深く惹きつけるというのが、ここでの鏡像段階のストーリーを使った解釈です。そしてこれはシェーマLのaとa′の関係に相当することになります。

良いおっぱい・悪いおっぱい

健常発達の人の自己イメージには、人から盗んだものという感覚がつきまとっているのだということの仮説には、ほんとうになにがしかの真実が含まれているのでしょうか。そのことを考える前提として欠かせないのは、何であれ、何か対象を捉える時に、生まれたての時には、私たちが今、りんごをりんご、本を本というように把握しているのとはずいぶん違ったかたちでその対象は捉えられているのではないかという考えです。

たとえば、赤ちゃんが最初に出会う、とても大事な対象であるおっぱいを例にとって考えてみたいと思います。赤ちゃんがおっぱいを頬張ると、口の中はミルクの味と香りで満たされ、柔らかい乳房を唇で感じ、そしてお腹が満たされます。その時にはお母さんの「よし、よし、いい子だね」という、ころころと歌うような声も聞こえているかもしれません。そしてお母さんに抱っこされて体も暖かいことでしょう。一方で、赤ちゃんはお腹が空いているのに、お母さんが隣の部屋にいてそこにはいない時には、口は渇いていて空しく満たされておらず、体は肌寒く、部屋はしーんと静まりかえっています。

赤ちゃんは自分の体に、「ミルクの味、柔らかい乳首、満たされたお腹、ころころと歌う声、暖かさ」といった一連の快を引き起こす状況が、おっぱいという一つのものによって引き起こされていることを最初は知りません。それと同じように、「口の渇き、空いたお腹、ベッドに放り出されている体の寄る辺なさ」をもたらすのが、おっぱいが今はないからだということもまだ知りません。

しかし、おっぱいがあるとあの一連の快が、おっぱいがない時にはあの一連の不快が規則的に体に生じます。その都度、状況によって微妙に食い違ってはいても、それぞれに同じ輪郭を描きながら「おっぱい状況」と「おっぱいなし状況」が何度となくくりかえされるうちに、両方の状況を赤ちゃんは自分の生殺与奪を握る何か一塊りのものとして選別し、それと同定するようになります。

ウィーン出身の精神分析家メラニー・クラインが一〇〇年ほど前に、こうしたおっぱいに関わる状況を「良いおっぱい」と「悪いおっぱい」と名付けました。

大事なのは、「ない」ということが子どもにわかるようになるのはずいぶん後、発達がずっと先に進んでからであって、赤ちゃんは最初は、おっぱいがないということがわかるわけではなくて、おっぱいがない状況に置かれた時に自分の体に引き起こされる一連の不快を体の状況としてそれと弁別するだけだということです。

つまり、おっぱいがある時にもたらされる一連の快と、おっぱいがない時にもたらされる一連の不快を、赤ちゃんは「良いおっぱい」と「悪いおっぱい」という実在として捉える、そうクラインは考えたわけです。

「ない」という特異な認知の型

私たちは何かが「ない」という感覚にあまりにも慣れてしまっていて、何かが「ない」ということは普遍的に成立すると思い込んでいるところがあります。実際にはそれが私たち人間に特有の後天的に習得された特異な認知の型であることを見失ってしまっているのです。しかし、基本的には動物には「ない」ということは少なくとも大規模には成立していません。

というのは、「ない」ということが成立するためには、時空を超えて今、目の前にないものが、目の前になくても存在しつづけているのだという感覚、つまり非在の現前が成立している必要があるからです。ですから、クラインが赤ちゃんには「ない」がないことに思い至ったのは、驚くべき卓見であったといえます。

「良いおっぱい」にまつわる感覚群は、ほど経ずして本物のおっぱいに統合されていくことで、自分が赤ちゃんだった時の特有の感覚は上書きされて見えなくなってしまいます。しかし、「悪いおっぱい」は、おっぱいがないこととは根本的に異なっているので、私たちの大人としてできあがった世界のなかにはどこにもその居場所はありません。「良いおっぱい」はそこに触れるかたちがあるのですから、実際のおっぱいと混同されていきますが、「悪いおっぱい」はそもそも私たちの世界ができあがる以前にしか経験できないので、何かの現実の対象のうちに回収されてしまうことはできないからです。

「悪いおっぱい」がどこか無意識のなかにまだあるのか、それはもうどこにもなくなってしまっているのかはわかりませんが、もし「悪いおっぱい」が蘇って目の前に現れてきたとしたら、それは確実に私たちの世界のなかには今はない何か不気味なものとしてでしょう。しかし、そもそもの始めには、「良いおっぱい」もこの「悪いおっぱい」とほとんど同等のかたちで赤ちゃんには実在していたのであって、私たちが日々接する対象の原基は、今私たちが、りんごや本やおっぱいをそれと把握するのとはずいぶん違った様相を呈していたに違いないのです。

「あの空色のランドセルの子」と名指されること

かたちを持たないという点では、「私」（あるいは自分）と「悪いおっぱい」は、似ているところがあります。

たしかに、さまざまの自分のなかに湧き上がる感覚や外からの刺激が、「私」の存在を指さしているので、私というものはちゃんといるのだと私たちは疑いもしません。しかし、それを手で触れることも直接見ることもできないからです。

それこそ鏡を見れば、あるいは写真を見れば、自分の姿を見られるではないかと反論される方もいらっしゃるかもしれません。しかし、鏡を見たときに、あるいは写真を見たときに、鏡映りが悪すぎる、あるいは写真映りが悪すぎると思われたことはないでしょうか。自分はそこに映っている姿かたちそのものではない、それよりも恰好の悪いものかもしれませんし、良いものかもしれませんが、いずれにしても、私が私だと思っている姿かたちと私が写真などで見る私との間にはいつもずれがあって、自分が何かそこに映っている自分とは微妙にずれた存在だと感じるのはごく一般的なことではないかと思います。

たとえばBちゃんのことを考えてみましょう。人はBちゃんに「Bちゃん」とも呼びかけますが、「いつもきちっとしてるね」とか、「かわいいね」とか、あるいは「仲良くしようね」とか話しかけるかもしれません。あるいは人が「あのお下げの子」とか「あの大きなうちの子」とかBちゃんのことを話題にしているのをBちゃんは聞くかもしれません。そのなかには「あの空色のランドセルの子」というのもあるかもしれません。そこには「悪いおっぱい」状況と同じように、「Bちゃん」状況があります。

こうしてほとんどたえまなくくりかえされる「Bちゃん状況」のこちら側に焦点を結ぶはずのものがBちゃんの「私」であって、鏡に映るBちゃん像や写真のBちゃん像に確かにそれは分かちがたく紐づけられていますが、鏡に映るその像はBちゃんそのものではありません。

つまりここで問題にしたいのは、どちらが先にあるかです。普通に考えると、Bちゃんがまずそこにいて、そこにいるBちゃんに他の子やお母さんやお父さんがあれこれ言うのだというイメージだと思われます。しかし、そうではなくて、他の子が、「あの空色のランドセルの子」と名指してくれるから、Bちゃんの「私」は押しも押されもしない空色のランドセルの子として、りんごやみかんのように、この世界のなかでのきちんとした場所を与えられるのだと考えるとどうでしょうか。

前もってBちゃんはちゃんとして存在していて、そのちゃんといるBちゃんがたまたま空色のランドセルをしょっているのではなくて、幾分なりとも、Bちゃんの「私」は、他の子や先生から、「あの空色のランドセルの子」と名指されることによって、はじめてこの世界の存在にちゃんとなれる。そうだとすると、空色のランドセルの子がもう一人いることは、BちゃんがBちゃんであることをなにがしか脅かすとしても不思議ではないことになります。

「これは僕?」

良いおっぱいは、実際に触れることも見ることもできるおっぱいというものがありますから、かたちの定まらない「おっぱい状況」をいつか、ああ、これがおっぱいなんだと指させるようになるのは、それほど難しくはないようにも思えます。しかも、おっぱいを挟んで他の人たちもそれのことをおっぱいだとくりかえすわけですから、そのうちに、目の前にあるのがおっぱいかどうか、他の人の判断とほとんどぶれがないくらい一致して、おっぱいはそこで、世界の内にある対象に仕上がっていくことでしょう。

しかし、「私」がおっぱいやりんごと同じようなこの世界のなかのれっきとした対象になるためには、もっと難しいやり取りを必要としそうな予感がします。さまざまのおっぱい関連状況が、おっぱいの名のもとに一つに束ねられるためには、子どもはお母さんのほうを振り向いて「これ、おっぱいだね」と指さすと、「それはおっぱいだよ」とお母さんが頷く、そのくりかえしのなかで世界をおっぱいとおっぱいでないものへと分割することができるようになればいいのです。

でも「私」はどうでしょうか。「これは僕?」と指さすことができるような「僕」を、僕は直接は見ることができません。それからおっぱいがあることと、おっぱいがないことはそもそも赤ちゃんの生殺与奪を握る重要事項ですから、それをおっぱいと名指さねばならない機会も必要も無限に存在し、これはおっぱいだねと名指すための試行錯誤の機会も無限にあるに違いありません。しかし、僕にとっての「僕」は、ある意味いつでもそこにいますから、「これは僕?」とお母さんを振りかえって指さす機会は通常の状況においてはほとんどないことになるでしょう。

この世界のありとあらゆるものは、この世界のなかに場所をちゃんと占めるためには、誰かといっしょに名指す練習をまずは必要とします。しかし、「悪いおっぱい」は他の人が名指すことができないので、この世界のなかには入ってくることができませんでした。「僕」や「私」には、とりあえずは顔かたちがあるので、他の人が名指すことは確かにできます。しかし、たいていは、ほんとうの自分はちゃんと過不足なく名指されてはおらず、名指されている自分とほんとうの自分にはずれがあると私たちは感じます。どうしてそんなことが起こるのか、くりかえしになりますがもう一度考えてみましょう。

自分の像が一つに収斂しない

まず私はどんなことに「私」を感じるのかを手近なところで挙げてみましょう。たとえば、今、私はパソコンの前に座って、寒いのでいつ買ったかもう忘れてしまった足を温める靴状の保温器（コロナで巣ごもり中の大掃除の時に見つかりました）を二〇年ぶりくらいに引っ張り出して足を温めながらこの文章を書いています。そしてかなりしょうもないLINE POP2というスマホゲームの第二七八面をクリアすべく（現時点ではこれが最後の盤面で、これが終わると制作者が次に新しい盤面を制作するまでいわば何十万人かのこのゲームに参加している人のなかでトップの一人になれるのでがんばっているのですが）、原稿を書いては、休憩して数分間

LINE POP2をやり、また原稿を書くというくりかえしをしています。そういえば洗濯機を回していたので、今日は晴れているから早めに干そうと考えたり、今年はコンポストに生ごみを入れて処分するのにはまり、ずいぶん肥料ができてしまったので、春にはオクラの種をまこうと、庭を見に行ったところ、ヒメオドリコソウが生えかけていて、去年はこれで庭が占拠されてたいへんだったので抜いてみたりしました。そしてそろそろお昼なので冷蔵庫にあるネギを使ってチャーハンを……。

「今の私」的な行動満載の休日の私のこの一連の行動と、行動している自分を漠然と感じている感覚、この感覚はそれほど明確な輪郭を描いて私を指さしているというわけではありませんが、しかしそれでも刻々と私のなかでは「私」に紐づいています。

こうした私から見える私だと感じられる感覚群、とりあえずこれらは、他の人が私をみて名指す私の姿かたちとは基本的には独立した別個の事象であるのは間違いないように思えます。

たとえば、私は機嫌よく鼻歌を歌いながらチャーハンを作っていて、何となくおいしそうなチャーハンを作りながら休日を過ごす、ちょっと素敵なおじさん風に自分のことを自己認識していたとしましょう。しかし、見ている人にとっては、朝起きて着替えもせず、顔も洗わずにご飯を作っている初老の男性の様子は単に汚いと感じられて、「やだやだ」と名指される可能性はじゅうぶんにありそうです。

つまり、「私」や「僕」という素材は、りんごやおっぱいとはかなり違っていて、りんごやおっぱいが、その対象を挟んで自分と相手が振り向き振り向き一つの像へとそれを収斂させることがまずまずできやすい素材であるのに比べると、自分から見える見え方と相手から見える見え方ではずいぶん景色が違うのがデフォールトで、上手く一つの像に収斂しないように初めからできているようにも思えます。

そして、とりあえず、向こうから見ても、こちらから見ても、かなり似たような一つの像に収斂することが世界のなかにその対象がきちんと位置取りができるための条件だとすると、もし、こちらから見た像とあちらから見た像が大きくずれてしまうポテンシャルがあるとすると、「私」や「僕」は、世界のなかからはみ出してしまう、あるいは溶け出してしまう不安定さを常に抱えてしまうことになります。

「いいね」を奪われたら存在できない

きちんと名指されることが世界のなかにちゃんとした場所を占める条件だとするならば、「空色のランドセルの子」がもう一人いることは、Bちゃんの「私」がばらばらにほどけて、その時その場限りの感覚に戻ってしまい、私たちの世界から溶け出してしまう可能性に晒されることにつながります。

そうだとすると、BちゃんのAちゃんを我が物にしようとする執拗さはむしろ自身のサバイバルに関わる避けがたい行為であったことになるように思うのです。

つまり、この図式が正しいのならば、Bちゃんのような健常発達の人にとっては、その人がこの世界のなかで、りんごやおっぱいのようにれっきとしたかたちでとりあえず存在するためには、一定程度の「いいね」をどうしても必要とすることになるでしょう。この「いいね」こそが、健常発達の人が、その場その時にしか存在しないものへとばらけてしまわないようにするかすがいなのですから、徹底的に「いいね」を奪われると、理屈から考えると、健常発達の人はこの世界にちゃんとは存在できなくなることが予感されないでしょうか。

「へ？　何言ってんの？　見ろや。おれは、ここにいるじゃん。『いいね』なんてもらわなくてもばらばらになったりせんじゃん、何寝ぼけてんの？」という抗議は当然あってしかるべきでしょう。

「俺」や「僕」や「私」が、おっぱいやりんごや本と同じような仕方で存在するのかどうかは、そもそも大問題で、少なくとも四〇〇年前のデカルト以来、この問題について、ああだこうだと、たくさんの人があれこれ言ってきました。「俺はここにいるんだからそんなことはどうでもいいじゃん、どうしてそんなことを考えないかんの」（最後の『の』は関西弁のイントネーションの反語口調を意識しています）という反論は生活実感としては至極もっともだと思うからです。

しかし、そもそも人が、「いいね」をもらえないとばらばらになってしまうようにできているのか、それともそれは単なる錯覚で、「いいね」なんか言ってもらわなくても、りんごやおっぱいのようにちゃんと世界のなかに存在しているのかという問題は、既読スルーといじめの例などを考えれば、人の生死に今も刻々と関係しているわけですから、必ずしもどうでもいいとは言いきれないことは間違いないでしょう。

りんごと「私」、どちらが確かな素材か

この問題についての西洋の哲学の歴史を、すごくはしょって、しかも相当に大雑把に、その代わり少しわかりやすく復習しておきたいと思います。一つのクイズから始めてみましょう。最初に何かをきちんと考えようとするときにりんごと「私」はどちらが頼りにすべき確かな素材でしょうか。

もう少し比較の対象をわかりやすくしてみましょう。りんごと愛ではどちらが確かな素材でしょうか。「言うまでもなく、りんごに決まっているじゃないか」と多くの方は答え

るのではないでしょうか。古代のギリシア人やローマ人たちも（少なくともアリストテレスは）そう考えていました。

意識のことを、英語では“consciousness”と綴るのはご存じの方も多いでしょうが、これはラテン語の“con-scio”、つまり共に知ることに由来しています。意識は今では直接目には見えない心の代名詞のように用いられていますが、その語源の“con-scio”は、もともとは裁判用語で、複数の人が知っていること、つまり愛のように、あるのかないのかを複数の人が確認できないことではなくて、りんごのようにそれがあるのかどうか、あるいはそれであるのかどうかが、一目瞭然に複数の人に一致して確認できることを表す用語でした。そして、複数の人が一致して共に知っていることだから、それは確かな証言として採用できるという意味の、ごく常識的な言葉であったのです。

ここのところは、楡《にれ》を知らない人にとっても世の中の人がだいたい一致して楡を指すことができるのなら、「楡」は一つの定点を指しているのだという分析哲学の説明ととてもよく似た感覚です。意識という言葉が、今使われているような、他の人には譲り渡すことができない自分にしかない感覚、私が私であることの必要条件のような何かへと逆転を被るのはデカルトの時代以降のことです。

「水槽の中の脳」

デカルトは、どんなに疑っても確かに存在するものは何かという問いからその話を始めています。ちょっとSFっぽいことを彼は言っています。「自分が今感じている周りの事物は、すべて悪魔が自分を騙してそのように感じさせているだけなのではないか」と。つまり、「自分の外部の世界は突き詰めるとほんとうにあるかどうかわからない」「それは、自分にそんなふうなありありとした幻覚を見せている悪魔に幻惑されて、ただそういうふうに見えているだけではないか」という思考実験を読者に提起します。

このデカルトの懐疑と呼ばれる問いは、それから三五〇年ほどして、「赤面しながらいうのだが」という出だしで、自分は楡とブナの違いはわからないが、それでも楡とブナの違いは自分にとっても有効だという論を展開した分析哲学者のパットナムによって、「水槽の中の脳」という有名な思考実験として現代に蘇ります。

これは脳だけが生かされて栄養液の水槽につけられていて、（マッド・サイエンティストか何かによって）それに入出力のための端子が接続されて脳が仮想現実を見せられているが、仮想現実を体験している脳自体は、体験がリアルだと思い込んでいる、そういう設定です。映画『マトリックス』などはその映像化として有名ですが、たとえば、『鬼滅の刃』の無限列車編とか、『NARUTO』の無限月読《つくよみ》なども、術にかかった人間が仮想現実を体験し、それをほんとうの現実だと思い込んでいるという点では同じような設定と考えてもらってもよいかと思います。

デカルトが確かな実体として重視したもの

似たような、自身の感覚への懐疑は、古代ギリシアの人たちもすでにくりかえし問題にしていました。パルメニデスやゼノンといったエレア派と呼ばれる人たちは、人間の感覚はしばしば錯覚を起こすものであり、信用ができないから、感覚ではなくて、論理的な妥当性こそが真理を知るためには重要だと主張していました。感覚は騙すものという視点においては、デカルトと一見とても似ている主張です。

しかし、自分の外部にある世界の実在性については、パルメニデスやゼノンは疑いを抱いているわけではありません。そこにはちゃんと世界はあるのだけれど、人間の目や耳という器官は不十分なので、その世界を誤って捉えてしまう可能性がある、だから論理的な妥当性のほうが世界をきちんと認識するためにはより信頼性が高いのだと彼らは主張していたのです。

自分の気持ちや、感覚から独立してちゃんと世界というものがあるのならば、SNSの誹謗中傷に傷つけられて、にっちもさっちもいかなくなってしまった人たちに対して、もう少し視野を広げて周りを見たらよかったのにとか、あるいはそんなSNSなんか遮断してしまえばいいのにとか、部外者から見るとそんな声かけをしたくなるかもしれません。それこそエレア派の人たちが言うように、自分の感覚は騙すものであって、世界はほんとうはそうではないのだから、あなたはSNSに惑わされているだけだ、ちゃんと落ち着いて一歩引いてきちんと考えてみれば違う世界が見えてくるよと、部外者の私たちにはそんなふうに思えるからです。

しかし、デカルトの視点を取るならば、単純にそうとは言い切れないところが出てきます。じつをいうとパットナムが考え出したマッド・サイエンティストに騙されている水槽の中の脳は、デカルトの思考実験の最も重要な点を見誤らせる構図になっています。水槽の中の脳には、水槽の外に外部の世界が明らかにあります。そして水槽の中の脳というデザインにおいては、この外の世界にこそ、そこから出発すべき確かな実体（＝レアル）があるのは自明の前提となっているのですが、デカルトが確かな実体として重視したものはそこではないからです。

デカルトにとっては、水槽の中の脳が思っていること、この思っていることそのものはどうやっても否定できない、つまり水槽の外がどうであれ、水槽の中の脳が思っていることにこそ、そこから出発すべき確かさがあるのだと言っているのです。もしそこにこそ確かな出発点があるのであれば、私たちの感覚は騙しても世界はちゃんと私たちが感じていることの外にあるというパルメニデス的な解決の道は閉ざされることになります。

たしかに今囚われているSNSの「いいね」の外側にはとりあえず逃れることはできるのかもしれませんが、ある種の「いいね」を無視できたとしても、自分自身は同じ性質を持ってその外側にもついていくのですから、代替えの「いいね」なしではやはり自分はばらばらになってしまうような、そうした世界の成り立ちそのものからは逃れることはできないかもしれないからです。

うわさ話に明け暮れる「人」——ハイデガー

ハイデガーの『存在と時間』という本は、この「私」から哲学を始めるという方法を徹底して考えた本です。この本では"das Man"と名付けられている私たちのあり方についての記述がその冒頭で出てきます。

ドイツ語で"man"というのは、英語の"man"と同じように、男性あるいは人の意味もあるのですが、漠然と誰かがそうした、誰かがそう言ったという時のように、発話の主体が定かではない場合の仮想的な主語としてしばしば使われます。そしてこうした場合は、ドイツ語の通常の名詞が大文字で始まるのと違ってある種の代名詞であるかのように

"man" と小文字が用いられます。
　たとえば "man sagt" という文は "man" と "sagen"（＝言う）の組み合わせで、文字どおりには人が言うという意味になりますが、あることが一般的にそう言われているといったニュアンスを表すために日常的に使われる表現で、能動態でも受動態でもない、いわゆる中動態的な状態を表す表現になります。つまり、ハイデガーの "das Man" という表現は、もともと大文字の普通名詞として表現されていた "man" が、小文字の代名詞のように用いられ、さらにこれが名詞化されて大文字になるという二重の屈折を経て、あたかも存在するかのような外観を保っている私たち人というものの本来的な性格を表す絶妙なニュアンスがドイツ語的には生じているのです。
　日本語には中動態はありませんが、むしろ日本語は、中動態が思考のデフォールトになっていて、あまりに中動態的であるために、それをそれとして分節化して意識できなくなっている言語であるような気もします。
　とりあえず、"das Man" を「人」と訳しておくと、「人」とはどんなものかをハイデガーは見事な筆致で描いています。たとえば、「人」とは、ほんとうの自分の姿を知ることを恐れて、それをごまかすためにうわさ話をして好奇心を満たそうとする存在だと言われます。三面記事的なうわさ話に明け暮れることで、知ることから私たちは目を背けることができます。

　私たちの自分というものは、実際には外から借りてきた借り物であって、知ってしまえば、私たちにはほんとうの私などというものはなく、ばらばらにばらけてしまうのだとすれば、私たちが必死にうわさ話をしてそこから目を背け、中途半端な状態にとどまろうと煙幕を張るのは当然ということになるでしょう。「人」とは中途半端 "durchschnittlich" であるからこそ、存在しているかのような外観を得られるものなのであって、知ってしまえば霧散するのだとハイデガーは「人」を糾弾します。

　ハイデガーがここで言っている「人」は、香世やBちゃんのあり方、つまり、ぼたんやAちゃんに自分の似姿あるいは鏡像を見て取り、それと食うか食われるかの闘争を始める健常発達の人のあり方に対応しているように思えます。

　ターゲットの偽アカウントを作って飲酒や喫煙の写真を合成してアップするインスタいじめの準備段階として、「いいね」欲しさでだんだんと人がびっくりするように過激化していく自撮り写真にのめり込んでしまい、ついには大きな不利益を被ってしまう人たちもいます。ネットの「いいね」世界の人たちが、中傷をおこなう相手に自分の似姿を仮託していたのだとすると、何かのちょっとしたきっかけで、簒奪された似姿の回収へと舵を切り、残酷ないじめが始まるのは、むしろ「私」や「僕」の成り立ちのデザインからすれば必然的な成り行きだということになるでしょう。

ベーシック・トラスト

「いいね」が私たちの成立にいかに深く関わっているかを、ベーシック・トラスト（基本的信頼）に関わるいくつかの例を出して考えてみましょう。ベーシック・トラストというのは、エリクソンが言いはじめた精神科でよく使われる用語です。具体的には、自分は何か価値ある存在だとあえて証明しなくても、自分とは生きる価値のある、いいものだと思える基本的な自分への信頼感のことだと考えていただければいいかと思います。

子どもの養育者が、子どもにじゅうぶん「いいね」を言って育てると、ベーシック・トラストは醸成され、そうでないと、自分が生きるに値する、いいものであることを、子どもはその後の生涯をかけて証明しなくてはならなくなってしまうといったイメージです。

リストカットをくりかえす女性

舞子さんは三〇歳過ぎに当科の外来に初診されました。お母さんは彼女をよくかわいがってくれる人ではあったようですが、早くに亡くなられ、お父さんはアルコール依存症で、彼女は中学校から家出をくりかえし、高校には結局行かずに水商売をしているうちに同棲を始め、いつの間にか家には寄りつかなくなっていたようです。最初の男性には覚せい剤依存があり、舞子さんも一時覚せい剤に手を出していましたが、それではいけないと、この男性とは別れます。そして、二人目の男性と同棲している時に子どもが生まれ、当科に来られた時にはお子さんは二歳になりシングル・マザーとして一人で育てていらっしゃいました。

当科に来られた理由は眠剤が欲しいけれど、今通っているクリニックに行くには交通費がかかるが、うちの病院であれば無料バスが出ているからという消去法的な選択でした。

初診時の印象はすらっとした背の高い美人ではあるのだけれど、顔色が悪く化粧はまったくしておられず、着の身着のままという風体で、生活保護で母子二人で暮らしていらっしゃる状況でした。大量のＳＳＲＩという当時流行りの抗うつ薬と精神安定剤が処方されていて、「このままのお薬はうちでは出せません。うちに来られたらお薬の整理をすることになります。できる限りお役に立とうとは思いますが、お薬の整理以外は今のクリニックの先生と比べてもっと役に立てるとは思いませんが」とお話しすると、抵抗もされず従順に「それでいいです」と承知されました。口数はきわめて少なく自分からはほとんど何も訴えられませんでした。

初診後二週間目に舞子さんは救急外来にリストカットで受診されます。手首が深くえぐられていてしっかり縫合をしないといけない状態でした。初診後二ヵ月のあいだに、結局一〇回以上救急外来に緊急受診されました。

直後の外来で尋ねると、これまでも何年も常習的にリストカットをくりかえしていたとのことで、カッターナイフの刃先で血管を探し、血管に刃先が届くと安心するのだとおっしゃっていました。さらに食べても食べなくても満腹感も空腹感もなく、前医では「摂食障害」の診断名で通院をしていたこと、子どもが生まれてから、子どものことはかわいく、ご飯を食べさせなくてはいけないからその時に自分もいっしょに食べるようになって食生活が安定したことなどが問わず語りに語られました。眠剤もいくら飲んでも眠れず、明け方になって日が昇ってきてからようやく眠れるとのことでした。

通っている保育所の保育士さんの話では、子どもは順調に育ち、虐待やネグレクトの徴候もないということで、一週間に一度受診してもらい、薬を整理していきました。少なくとも週に一回は夜間救急受診が続き、救急からは「どうしてこんな患者を入院させないのか」とお叱りの抗議をいただきつつの外来受診が半年続きました。

毎度同じことのくりかえしをしなければならない当直の先生の抗議はもちろんその通りだとは承知しつつ、舞子さんはお子さんを生きることのほぼ唯一の心の支えにしていました。何よりもご本人が入院はまったく望まれず、強制的に入院をしてもらうためには関係のすこぶる悪いお父さんに連絡して同意を得なければならないこと、お子さんの面倒を見る人がいないので児童相談所にお子さんは一時預かりになってしまうこと、入院してもらっても投薬など医学的手段による現在の状況の改善の目途は立たないことなどを救急の先生たちには縷々《るる》説明し、入院という手段は取らないまま（あるいは取れないまま）、（生きるのは）「しんどいですね」と共感するだけの五〜六分の短い外来を毎週くりかえす日々が続きました。

半年くらいして、ある日突然、「切る時に初めて痛いと思って、それから切れなくなりました」と報告され、その日を境にリストカットはなくなります。一年ほどして、「食べているっていう感覚がちょっと出てきました」と言われてから数ヵ月して、縁があって舞子さんは結婚されます。

彼女が結婚すると、それまで音信不通だった父親がどこからか聞きつけてお金を貸して欲しいと彼女のところに無心に現れるようになります。「先日、主人のお金は私のお金じゃないからお金は貸せないと断ったんですが、見捨てたことが辛くて、もう一度働いてお金の援助をしたほうがいいかと思って」とおっしゃるので、「あなたがまず大事にしなくてはいけないのはご自分の子どもと今のご主人なのでは。子育てと仕事を両立するのはとても今のあなたには無理だと思う」と伝えました。

そうこうしているうちに二番目の子どもを舞子さんは妊娠します。病歴をみて婦人科の先生は出産前後のことを心配していらっしゃいましたが、「大丈夫です。心配ありません。何かあればこちらで対応します」と請け合い、同じような外来を毎週続けました。第二子も何事もなく無事生まれ、初診から四年目になった時に、お父さんが亡くなられます。「ほんとうに申し訳ないのだけれど、なんだかほっとしています」とおっしゃって、それから一年ほどして、「自分ひとりでやっていけるような気がしてきました。長いことありがとうございました」と通院は終了しました。最後の一～二年はいつの間にか投薬はしていない状態になっていました。

「いいね」を言いつづけてくれる人

舞子さんのケースは、ベーシック・トラストについて私がいろいろなことを教えてもらった例です。ネグレクトや虐待を体験した人たちの一部は、小さい時から生き延びるために他の人の顔色を巧みに読んで従順に振る舞うことを学びます。精神科の外来に来られても、何かを私たちに要求されることはほとんどなく、ちょっとしたきっかけで、抗議もされずそのままいなくなってしまわれる人たちが少なくありません。

生きていることそのものに罪悪感があって、舞子さんのように、痛みや空腹といった身体感覚も鈍くなってしまう人もいます。リストカットは自分がどんなにしんどいかを家族や関係者に表現するための手練手管としても用いられますが、舞子さんのような言葉少なな虐待系の方では、人に訴えるためではなくて、切ることでわずかばかりの安心感が生じるのだとよく聞きます。

「いいね」を言ってもらえずに幼少時代を過ごしてしまうと、大人になってからベーシック・トラストを再構築することにはたいへんな苦労を伴うことが多いように思います。しかし、舞子さんの例は他方では人間の持っている可塑性の大きさを教えてくれている例でもあります。たとえ両親が「いいね」を子どもに言わなくとも、祖父母でもおじ・おばでも、場合によっては学校の先生でも、行きずりの臨床心理士さんでも、「いいね」を安定的に言いつづけてくれる人を不完全であっても体験することが幼少期にできていれば、それはベーシック・トラストが大人になって新たな「いいね」を受け取って再構築されるための小さくはあっても大事な取りつく島として機能しうることを舞子さんの事例は教えてくれています。

舞子さんのケースは、親から「いいね」をもらうことをとりあえずは諦めて、時が来るまでじっと待ちつづけ、結果として開花することができた事例ですが、お母さんやお父さんからは子どもの時にはもらえなかった「いいね」を獲得することにいつまでもこだわりつづけ、それがその人の一生を決めてしまう場合もあります。

大量服薬をして救急に

エリさんは、三ヵ国語が話せる今年三〇歳になる才媛です。エリさんのお母さんの兄弟はみな医者になるか、旧帝大系の大学を卒業しているエリート家系でしたが、お母さんは私立の文学部を卒業した後で、紆余曲折の末に、歯科医の先生と結婚されます。しかし、親戚の集まりで肩身が狭いという思いが募り、夫に絶えず不満があり、エリさんが小学生の頃にエリさんを連れて離婚されました。姪や甥がつぎつぎに有名大学の医学部に入学するなかで、お母さんはエリさんを医学部に入れようと子どもの時からスパルタ特訓をされました。

エリさんもその期待に応えて懸命にがんばったものの、高校二年の時に原因不明の高熱を出して入院してしまい、その後、成績がもとのようにはなかなか持ち直さず、結局時間切れで医学部受験には失敗してしまわれました。浪人して二回目の医学部受験にも失敗したエリさんは、もともと関心のあった外国文学を学ぶ学科に生まれて初めてお母さんの反対を押し切って入学され、ずいぶんがんばって特待生になるのですが、三年生の時に、再び体調を崩し、留年してしまいます。

一方でエリさんと入れ替わるようにして、それまで成績がそれほど振るわずにお母さんがほとんど期待していなかった妹さんが、高校二年頃から急激に成績を伸ばして医学部に入学を果たします。エリさんは、張り詰めていた糸が切れたようになってしまって、家を出て、キャバクラで働きはじめ、ホストクラブに入り浸るようになってしまいました。キャバクラで稼いだお金をホストクラブで使い、借金まみれになって今度は風俗店で働きはじめ、その頃、悪い男が借金の肩代わりをして、それをかたにして彼女を縛りつけ、にっちもさっちもいかなくなってしまいます。

しかし、致死量をはるかに超える大量服薬をして救急に運び込まれたのがこの状況を打開する転機になりました。彼女は保護され、長く音信不通だった歯科医のお父さんに連絡をして、弁護士を入れて、この借金は無事清算することができました。

お母さんの「いいね」を失う怖さ

『母を支える娘たち』という高石浩一《たかいしこういち》先生の書かれた少し古い本に、お母さんに尽くす娘たちの話が描かれています。まだ昭和が色濃く残る時期に、「成功した」娘たちは、父親の代わりに影の（あるいは表の）家父長として、母の願いを実現し、家族を支えるけなげな娘になります。エリさんが医学部に入学できていたなら、エリさんは、お母さんの長年の願いであった親族のなかでの復権を果たす自慢の孝行娘となったに違いありません。

これは私の想像なのですが、エリさんはとても賢い人でしたから、おそらく彼女が心の底からほんとうにそうしたいと思っていたなら、医学部には難なく入学されていたようにも思えるのです。原因不明の高熱も、一浪の後の入試の失敗も、深いところでの彼女の意志であったように私には思えてなりません。

おそらく昭和の屋台骨が揺るがずに社会に深く根づいていた時には、お母さんの「いいね」は社会の大きな物語のなかでの「いいね」と共鳴し、エリさんも孝行娘として自分をお母さんの「いいね」で支えることができたのかもしれませんが、それはもうできない時代になっていたようにも思うのです。

エリさんの賢さと勇気は、乾坤一擲《けんこんいってき》の大量服薬で、悪い男を振り払い、助けを求めることができたことにも表れていると見えなくもありません。しかし、これだけ賢くて心の力（リキ）がある人が、これだけの自傷と自殺未遂による病院への避難という大立ち回りをしなければそこから逃れることができなかったほど、お母さんの「いいね」を失うことは彼女にとっては決定的なことでありつづけたのも間違いありません。

二〇年ほど前に神戸風俗王刺殺事件というのがありました。スペイン語と英語を話せる才媛の女性が、風俗王の秘書兼愛人になって、そのくびきから逃れるために風俗店グループのナンバー2だった会社代表以下四人と共謀して風俗王を殺してしまったという事件です。こうした事例は、形は違うとはいうものの、昭和の時代から「いいね」を失うと、健常発達の私たちがほんとうに世界から溶け出してしまうのを例証しています。

エリさんは、妹さんが彼女の代わりになることで、お母さんの「いいね」を決定的に失う前から、ゆっくりと何度かの試行錯誤のなかで、「いいね」を失う練習を小出しにくりかえし、自分が溶け出す痛みに耐えていたからこそ、乾坤一擲の賭けに出る力を温存し、こちらの世界へと帰還するためのヘルプを出せたのだと思います。

「いいね」という宿痾《しゅくあ》

私の長年の友人で、今は教育学部の教授をしていらっしゃる女性が、自分の存在価値をお父さんとお母さんに証明しつづけなければならなかったご自分の生家のことを、それはそこから絶対に出ることができない魔法がかけられた世界だったとおっしゃっていたことがあります。もっと的確で美しい表現だったように思うのですが、ずいぶん前に聞いた言葉で、正確な表現は忘れてしまいました。

そこに住まう子どもにとっては、世界は父母の魔法がかかっているそこしかないのですから、何が正しく、何が正しくないかは両親が作ったルールによって、完結しています。子どもにとってはその世界を支える「いいね」の価値づけが相対的なものであることは知るすべはありません。

私の友人は才能に恵まれ、舞子さんやエリさんと同じように、勝負の時まで雌伏して力を蓄え、勝負の時に乾坤一擲の賭けに出る勇気にも恵まれていたので、この困難なオデュッセイアを終え、魔法を打ち破って外に出られたのですが、少なからぬ人がこのオデュッセイアに旅立つこともできずに魔法の世界のなかで朽ち果ててしまいます。それは、「いいね」に呪縛されることは、健常発達を病むものとして生きる私たちが一種必然的に病まねばならない宿痾であることとも関係しているのでしょう。

「常に変わらないありのままの自分」を探して

ベーシック・トラストが担保されていない、歪んだ「いいね」で隅々まで魔法をかけられた世界から出ることとは、子どもたちが生き残るためにはマストなのですが、しかし、世界がそうした魔法をかけられた世界となることが可能なのは、もともとの世界がそうした歪みを可能にする構造的なポテンシャルを秘めているからです。

神田理沙《かんだりさ》さんという方が書かれた『17歳の遺書』という本のことをご存じの方はおそらくあまりいらっしゃらないのではないかと思います。理沙さんは、名古屋の名門高校の生徒で、一時期昭和の高校生のヒロインでした。理沙さんは、「常に変わらぬありのままの人」であることを求めて、そうはなれない自分に絶望し死を選ばれたという読み方を高校生の私はしていました（実際はこうした一般的なこの遺稿の理解には誤解があるそうなのですが）。

しかし、「肥った豚よりも痩せたソクラテスになれ」という昭和の一世を風靡《ふうび》した東大総長の卒業式の祝辞の草稿にあった言葉も例証しているように、こうした思いは当時、彼女一人の孤立した考えではなかったのだと思います。

ラカンのシェーマLのaとa′の関係を思い出していただきたいと思います。そこで描かれている「私」というもののイメージは、他の人が投げかける、さまざまの「いいね」が張りつけられてできあがった常に揺れ動き、他の人の評判に左右される不安定な存在でした。理沙さんは、そうであってはいやだ、ハイデガーが糾弾するうわさ話や好奇心に明け暮れる人"das Man"にはなりたくないと思ったはずです。そうではなくて、もっと揺らがない、何か確固とした、自分を掘り下げていけばきっと見つかるはずの、ほんとうの、ありのままの自分でありたいと心から願い、内面へと向かうオデュッセイアを始めたように、彼女の遺稿を私は読みました。それは昭和の時代、理沙さんに限った理想ではなかったと思います。

少なくとも昭和の時代、私たちのなかのかなりの人数が、神田理沙さんがそうであったように、自分たちの内面をほんとうに掘り下げれば、何か「常に変わらないありのままの自分」が見つかって、「いいね」で魔法をかけられた今住んでいる世界から外へ出ることができると信じていたような気がします。

この章では、「私」が、りんごや椅子のようにれっきとしたこの世界にあるもののようになるためには、じゅうぶんな量の「いいね」をもらうことが必要であること、そして子どものときにはかなり多量の、大人になってからも一定量の「いいね」をもらわなければ、私たちは世界から溶け出してしまうこころの仕組みをしているのだということを見てきました。

健常発達の人ではとりわけこの仕組みを徹底して身体化しているために、「いいね」が不足することに敏感に反応をします。「いいね」と「私」の関係は、食べ物と体の関係に似てさえいます。神田理沙さんのように本気で「いいね」を拒否すれば干上がって「私」はやせ細り、ベーシック・トラストを構築し損なった子どもたちのように「いいね」を欲しても与えられなければ、「私」はばらばらに解体してしまう。この章では、「私」と「いいね」の、のっぴきならない深い関係を感じていただけたのであれば、じゅうぶんだと思います。

第四章　昭和的「私」から「いいね」の「私」へ

仲間内で「いいね」を獲得する

健常発達の人は、第二章で紹介したニューロティピカル症候群の第4項（61頁）で指摘されているように、世間のメジアン（＝中央値）とずれないことを絶えず意識して自分のあり方を修正しつづけなければならない存在です。ですから、たとえば自閉症スペクトラム的、あるいはADHD的あり方を話題にする場合よりも、ずっと時代の変遷によってそのかたちを変えることになります。

これまでの章で検討してきた健常発達という病の仕組みをごく図式的にもう一度総括してみましょう。もともと「私」というものは、「いいね」を言ってもらうことでようやく自分を一つに束ねている不安定な存在である。しかし、周りの人がくれる「いいね」は気まぐれで、ロシアの天然ガスのパイプラインのように、いつそれが恣意的に向こうの都合で止められてしまうかわからない。そして、「私」の存立にかかわる「私」的安全保障のこの不安定さは直視してしまうと耐え難い不安が引き起こされる。健常発達の一次的な病理とは、「いいね」が不足すると自分がばらけてしまうという、この状態そのものにある、それが第三章の結論でした。

この病理は、私たちの存立にかかわる病理ですから、いうまでもなく待ったなしの対応を迫られることになります。「私」の存立にかかわる「私」的安全保障が、気まぐれで、しかも多くは浅薄な、よく知らない周りの人たちの「いいね」の意のままになっているという現状は屈辱的だという発想は当然ありうるでしょう。そこから必然的に出てくる願望、「いいね」に左右され右顧左眄《うこさべん》する「私」ではなく、「いいね」に左右されないもっとちゃんとした「私」を探し出し、そうした「私」でありたい。これが前章の最後に触れた健常発達の病理に対する昭和における定型的な脱出の方向性の一つでした。

しかし、このやり方が有効であるためには、しかるべきお手本が向こう側にある必要があります。そして、「肥った豚よりも痩せたソクラテス」を多とするといった世間一般に共有された、そのお手本に対する承認を必要とします。そのお手本に対する世間一般に広く共有された承認が成立しなくなってしまった時、この生き残り戦略は通用しなくなるでしょう。

健常発達の一次病理に対する平成・令和的な手当ての試みは、昭和的な仕方が通用しなくなったために、生まれたものということになります。平成・令和的な手当ては、健常発達の心性の一次病理に対してより直截的です。ともかく、途切れなくなんらかのかたちで「いいね」を外部から獲得するというやり方です。

世間一般に承認されたお手本と無関係に「いいね」を系統的に獲得することは昭和的に

は困難でしたが、SNSの普及も一助となって、平成・令和では、仲間内の小集団でゆるく継続的に「いいね」を獲得することがより容易になりました。それとともに、世間一般に共有される大きな物語に入れ込んで、自分の周りの小集団の気まぐれな「いいね」から超然として何者かになることが必ずしもクールなことではなくなります。「いいね」を器用に張りつけて「私」をとりあえず一つに括り、向こう側の大きな物語には関わらない仕方が新しいかっこうのよさ、新たな倫理の可能性として浮上しました。

この章ではまずは、輪郭の明瞭な昭和的な手当てのモデルを検討します。この手当てのモデルは、第一の実体を「私」なるものに見出そうとするデカルト以降の近代特有のモデルです。私のうちに揺るぎのない本物の「私」を見出してそれになること、そうしてこそ、健常発達の一次病理から、「私」は最終的に癒されることになる。この治癒モデルにおいては、私のうちになにかかけがえのない本物があって、それは覆い隠されているかもしれないけれど、懸命に努めれば見つけられるはずだという確信がなくては成立しません。この実体、この本物感のことをレアルと呼んだ場合、自分のうちにあるレアルへの確信が失われる時、昭和的治癒モデルは成立しなくなります。

本章では、昭和的治癒モデルを検討した後で、絵画をはじめとする、さまざまの文化現象を題材として、第一の実体が、「私」から「いいね」へと変質していく過程を跡付けます。そして最終的に、レアルが失われ、私たちにとっての第一の実体が「いいね」になってしまった今における生き残り戦略として、平成・令和の健常発達の人たちがどのようにして健常発達の一次病理への手当てをしているのかの具体例を挙げてみたいと思います。

ハンス少年の馬恐怖

まずは、「昭和的」健常発達の存在戦略です。再び、精神分析の考えを補助線として使いたいと思います。五歳のハンス少年の馬恐怖という、フロイトの有名な症例があります(「症例ハンス」)。ハンス少年のお父さんはちょっとしたフロイト・マニアといってもよいような素人のフロイト信奉者だったようなのですが、馬を怖がってパニックになってしまう息子のことをフロイトに相談し、自分なりの仮説をフロイトに披露したようです。ウィーンの一部のインテリの間で、フロイトの新思想に微妙にかぶれるのはちょっとカッコよかったのではないかくらいに想像していただくとよいかもしれません。

馬は私たちの生活のなかでは周りにいないので、ピンと来ませんが、怖がるべき現実的妥当性を超えて不必要に犬を怖がる小学生はちょっと前までは結構いました。昭和の時代には、野良犬はそこらじゅうにいましたから、犬恐怖はそれなりに小学生くらいの子どもにとっては生活上の不便になりえました。私の小学校時代の同級生の男の子も、下校の通り道をわざわざ犬のいない遠回りのルートに変えなくてはならず、困っていました。

一九世紀当時のウィーンでは、馬もそれなりに日常生活のなかのそこかしこにいたようなので、昭和の犬恐怖と同じように馬恐怖も生活に不便をもたらしていたのではないかと推察されます。一九世紀のウィーンではフィアカーというタクシー代わりに使う馬車が走っていて、田舎者とみるとぼったくりをしていたという逸話を読んだことがあります。このフィアカーは症例報告のあった二〇世紀初頭にはまだ現実的移動手段として成立していたようです。

ハンスのお父さんの解釈はとてもわかりやすいものです。それは、馬は父親の（つまり自分の）象徴で、馬をみると去勢されるのではないかという恐怖が引き起こされるので、ハンスは馬をみると怖がってしまうのではないかというものでした。大人の神経症（強迫とか解離とかがその実際の例ですが）の二節性ということを下敷きにすると、この父親の解釈を追加的に説明できます。

つまり、この幼少時の去勢恐怖（お父さんにペニスを切られてしまうのではないかという恐怖）が抑圧され、もともとは何が怖かったかがわからなくなって、怖いという情動だけが対象から切り離されて残ってしまうのが第一節、大人になって何かその恐怖を連想させるような出来事に出会うとこれが再活性化され、なぜそれが怖いのかはわからぬままにそれが怖くなってしまうのが第二節というものです。去勢とか抑圧とか、その筋の人でないとにわかには額面通りに受け取れない言葉を用いた説明ですから、信じるかどうかは別にして、話としては明快で、誰でもすぐに理屈としてはわかる筋立てになっています。

去勢されないのではないかという恐怖

しかし、フロイト自身は、この自分のファンでもあるハンスのお父さんの解釈に必ずしも全面的に賛同していたわけではなかったようです。たとえば、フロイトの論文のなかでハンス少年が報告している有名なキリンの夢は、以下のようなものです。「くしゃくしゃのキリンと大きなキリンがいて、僕がくしゃくしゃのキリンを取りあげたら、大きなキリンが吠えた。それから大きなキリンが吠えるのをやめたのでくしゃくしゃのキリンに僕はまたがった」。わかりやすい解釈は、大きなキリンはお父さんで、くしゃくしゃのキリンはお母さんであり、ハンスはお父さんに去勢されるのが怖いので、大きなキリン（これは馬の置き換え）をお父さんにみたてて怖がっているのだといったものです。これはハンスのお父さんの解釈です。

けれども、ハンスの報告に注意を払うと、実際には大きなキリンは途中で吠えるのをやめていて（そもそもほんとうはキリンは吠えないのでしょうが）、ハンス少年はくしゃくしゃのキリンにまたがってしまっています。つまり夢をそのまま受け取ると、実際にはお父さんはハンス少年がお母さんと一つになることを黙認してしまっていることになります。

これが悪夢であるとするならば、ハンス少年が恐れているのは、お父さんは僕とお母さんが一つのものになってしまうのを禁止しないのではないか、つまりは、自分は去勢されないのではないかと怖がっていることになるのです。少なくとも後の『制止、症状、不安』という論文では、フロイトはそういう考えに傾いていたのではないかと、鈴木國文先生のご講演のなかで、ラカンのセミネール第四巻『対象関係』を下敷きにしながら話されていたのを聞いたことがあります。

ルワンダのストリートチルドレンたちの不安

加藤悦子《かとうえつこ》さんという臨床心理士の方が、青年海外協力隊で訪れたルワンダのストリートチルドレンの保護施設での体験として紹介してくださったエピソードを、去勢されないことへの恐れという考えから私は連想しました。

ルワンダのその保護施設では、厳しい寮母さんがいて、食事前に「いただきます」の挨拶をすることや、食器の後片付けなどを子どもたちにかなりやかましく躾けていたそうです。家庭での躾けがおそらくは不十分なかたちで育った子どもたちですから、こうしたこまごまとした躾けは、うっとうしかったに違いないと短絡的には想像してしまいます。しかし、実際にはそうではなくて、あまり叱らない寮母さんの番の時に限ってむしろ彼らは不安げになるのだといった話でした。

一定の秩序が暗黙の了解として自明に成立している場所で育った子どもにとっては、叱られるのは単に嫌なことで、うるさい寮母さんはできれば避けたい相手ということになります。しかし、規則や秩序が崩壊しているような不安定な場所で育った子にとっては、叱られることは、規則や秩序で支えられた世界が存在することを保証するかすがいとなる場合があると、加藤悦子さんは話しておられたように記憶しています。

去勢というのは、「お母さんは君の一部ではないよ」あるいは「君はお母さんの一部ではないよ」とお父さんに言われることだと、とりあえずはとっつきがよいように考えておきましょう。お母さんというのは、赤ちゃんにとっては乳首を含む暖かいもの、自分の生殺与奪権を握るそこからすべての滋養が到来するような何かですから、それが自分の一部である、あるいは自分がそれの一部である場合、私たちは生きるために外へ出かけて食べ物を探す必要もなく、暖かな肉のぬくもりのなかで満たされつづけて存在することになります。

「君とその乳首とは別のものだ」あるいはあまつさえ、「それは君のものではないんだ」

と言われるということは、当然のことながら失楽園になるわけです。お母さんの懐から外へ行けと命ずるお父さんは怖くて嫌な存在ということになりますから、ハンスのお父さんのような解釈がそこから出てくることになります。しかしハンスの夢のなかで「大きなキリンが吠えるのをやめ」て、ハンスは「くしゃくしゃのキリンにまたが」りました。もしこれがお母さんの一部のままでいても叱られない可能性を示唆する夢なのだとすると、ハンスの不安は、ルワンダのストリートチルドレンたちの不安と重なり合うことになります。

つまり、それは叱られることへの不安ではなくて、もしかすると叱ってもらえないことに対する不安ではないかという可能性が出てくるわけです。

抑圧と原抑圧——門が通れない不安と門の向こうに何もない不安

先日、医局で雑談をしていた時に、確定申告をするのが面倒だという話から、先生のようにずぼらな人がどうやってあんな面倒な書類をちゃんと出せるのですかと聞かれました。その時に、ともかくも完璧に書類を揃えて計算も完璧にやって一度で終わったほうがいいと主張する同僚の先生に対して、「いや、とりあえずはだいたいこれでいいというかたちで提出して税務署の係の人に訂正をしてもらったほうが手間が少ない。僕らは税理士の先生じゃないんだから完璧になんてどうせできっこないし」と私が言い返してちょっとした議論になったことがありました。

その際に、同僚の先生は、「先生は見かけによらず神経症的なんですね」と私を評したことがあります。もちろん、間違って過少申告をしていると加算税を若干取られるわけですが、どうせそんなに儲けているわけでもないし、それほど大きな金額になるわけではなく、完璧にやるための手間ひまを考えると申し訳ないけれど税務署にも協力してもらってす。書類を完成するほうが、全体としては効率的ではないかというのが私の意見だったわけです。書類を戻されてあれこれ叱られるのはもちろん面倒で嫌なのですが、税務署の人は間違っていたらちゃんと叱ってくれるというシステムに対する一種の基本的な信頼、ベーシック・トラストがあるから私はある程度おおざっぱな書類を出すことができると私の同僚は考えたわけです。

対照的に、私の同僚は、間違った書類を一度でも出したら何か想定外のひどいことが起きるのではないか、つまり、システムから弾き飛ばされてしまうのではないかという潜在的な恐怖があるために、間違うことができないと感じていたわけです。つまり、「神経症的」と彼が私のことを言ったのは、存外先生は社会のシステムのことを基本的には信頼している健常発達の人なのですねというニュアンスがあったということです。

私たちは不安に直面すると、いてもたってもいられない気持ちになります。ですからできるだけ不安にならないように自分の気持ちを操作しようと試みます。不安の原因となる問題を解決できればもちろん不安は解消するわけですが、問題が解消していない場合でも、気を紛らわせたりしてとりあえず不安を鎮静させようとすることはよくあるでしょう。こうした操作のことをとりあえずは抑圧と呼んでおきましょう。

ハンスがお母さんとくっついているとお父さんに叱られるのではないかと不安に思う気持ちを自分から遠ざけようとしておこなわれる心理的操作は通常言われるところの抑圧です。これに対して、お母さんとくっついていてもお父さんは叱ってくれないかもしれないということへの不安に対する心理的操作は原抑圧と呼ばれていて、精神分析の考えのなかでは、通常の抑圧とは区別されているようです。

つまり、先ほどの確定申告の例のように、叱られることへの不安はシステムの内側での不安になるのに対して、叱られないことへの不安はシステムそのものがほんとうに機能しているかどうかへの不安になるというのが、この区別の理由です。

いざ門を越えると——五月病の構図

フランツ・カフカに『掟の前で』という、ごく短い短編小説があります。田舎からやってきた男が、掟の門から中へ入るのを門番に制止され、もう少し待てば入れてやれる可能性があるとほのめかされ、門番への付け届けを含め、ありとあらゆる試みがおこなわれます。男は懸命に門の中へ入ろうとし、門番の毛皮のノミまで見分けることができるほどに門番を観察し、ついにはそのノミにまで話しかけるほどの藁にもすがる状態でした。何年も彼は門の前で入れてもらえるのを待ちつづけ、しかし男はついには中に入れないままに門の前で老衰で死んでしまいます。しかもこの門を訪ねてきたのは、じつはただこの男だけで、門は男の死とともに閉鎖され、この門はただこの男のためだけに存在していたということが最後に明らかになります。

この門の比喩をもう少し現実的な例で説明しておきたいと思います。

たとえば、昭和の受験生を想像してもらうと、よりぴったりくるかもしれません。四当五落（四時間しか眠らずに勉強したら受かるし、五時間眠ると落ちてしまう）と言われていた厳しい受験戦争に勝ち抜いて見事第一志望校に合格し、皆があなたを祝福し、意気揚々と大学生活が始まります。しかし実際に入学してみると、こんなはずではなかったとあなたは大学生活に失望し、がっかりしてしまいます。そして気力を失い、まったく大学生活を楽しむこともできず、とうとう引きこもりをはじめました。

受験前、高く聳《そび》える門をあなたは示され、これは才能のある選ばれた者だけしか越えることができない困難な門ではあるのだけれど、がんばってこの門を越えればあなたは何かかけがえのないもの、あなたの人生に意味を与えてくれるような価値あるものをつかむことができるのだと誘惑され、刻苦勉励して門を越えました。しかしいざ門を越えると、結局、門の向こうには自分が期待したような何かはなかったという、昭和ではよくあったストーリーです。

志望校に合格して、あなたは約束された場所に立ったはずでした。ところが、あなたの努力に釣り合わない、何か日常の延長線上にあるものしかそこには見つけられないことに入学後あなたはたちまち気づいてしまいます。深い失望があなたを襲います。そこはゴールだったはずなのに、結局約束されたものはそこにはありませんでした。一日四時間しか寝ずに刻苦勉励して得たものは、結局は、疑似餌《ぎじえ》のようなもので、あなたはそこには何かたいしたものがあると騙されて連れて来られたのですが、実際には、「色、金、名誉」はあってもそれ以上のものはそこにはなかったのです。

しかも、もう門を越えてしまったので、「ほら、あそこに越えるべき門がある。たいへんだけれどあの向こうに行けば、価値ある人生があるよ（＝自己実現できるよ）」と方向を指し示してくれる門自体もあなたは同時に失います。

この構図、いわゆる五月病と呼ばれていた状態の構図は、昭和的な健常発達の人の定型的な人生の構図の一つであったといってもいいでしょう。

難関校に挑む昭和の受験生にとっての門は、くぐることができるので一見カフカの門とは違うように見えます。しかし、その門をくぐってみるとそれはくぐるべき、ほんとうの門ではなかった、門の向こうには自分が行くべき本来の目的地はなかったと少なからぬ人が失望し、五月病になったり、あるいは引きこもりに陥ってしまう人もいて、問題になりました。

しかし、多くの人は、この門は偽の門で、ほんとうの門は他にあるのだと気を取り直して、今度は次の門をくぐるべく新たな努力に身をやつすわけです。

抑圧とは、自分が門をくぐることを阻んでいる門番に向かうものです。つまり、門番は結局自分を通してくれないのではないかということへの不安だといえます。これに対して原抑圧とは、門なんてほんとうはないのではないか、門があるというのは自分の思い込みで、こちら側と門で隔てられた向こうなるものは存在していないのではないかという不安に対応していることになります。

モネの睡蓮・子規の食事

印象派と呼ばれる流派の画家の代表の一人にクロード・モネがいます。その代表作のシリーズ『睡蓮』は、彼自身がずいぶん手を入れたジヴェルニーの庭にある池がモデルになっていて、光の画家と呼ばれるにふさわしく、まばゆい光の風景を活写しているのだと解説書などには書いてあります。

モネにおけるレアルは、この庭そのもののなかにあります。隠されているというほどいじわるにではないものの、誠実に懸命にそれを捉えようとしなければ、光のなかに浮かび上がる睡蓮の美しさは実現されえません。モネは、対象・睡蓮を愛していて、庭師と自らを称するほど対象に耽溺していました。対象は、モネにとっては、レアルを慈愛に満ちたまなざしで私たちに提供すべくそこで待ってくれていると考えることができます。

他の例を挙げるとすると、たとえば、正岡子規《まさおかしき》の写実もこれと似ているように思えます。死の目前においても子規が、食べることに驚くべき興味を示し、生活への関心が尽きなかったことは、『仰臥漫録《ぎょうがまんろく》』という子規の病床での日記に詳しく描出されています。そこには、「朝　粥三椀　佃煮　梅干　牛乳五勺ココア入り　菓子パン数個」などといった食べたものの記録が綿密に綴られています。子規は、生活すること、つまり対象が自らに関わってくる体感こそが翻って、「私」を照らし出すという仕方でしか、レアルには到達しえないという姿勢を骨の髄まで実践していたに違いないように思えます。

印象とは、対象が外から私に残す刻印であるとするならば、対象が私に残す刻印を可能な限りありのままに詠むことで、「私」はもっとも鮮明に浮かび上がるはずだということになるのだという気がします。

内から外へ――表現派ロスコと漱石『明暗』

次の時代に出現する表現派と呼ばれる流派（表現主義は実際には自らの内なる感情の表現を作画の中心にすえる広範な芸術運動を指す用語ですが、ここでは抽象表現主義を念頭に置いています）の画家については、これも講演でお聞きした鈴木國文先生のマーク・ロスコの話が印象的でした。マーク・ロスコは、ロシア出身の亡命ユダヤ人で、たとえば一九四九年に発表されたオレンジを背景とした緑が印象的な「No.3／No.13」は、色彩のみで描かれた抽象画でロスコの代表作の一つです。ロスコが敬愛した母親の死の直後に制作されたと言われています。ロスコは、一九五八年に絵画の制作の仕方についての講演をおこない、死に対する関心、官能性、緊張・葛藤、アイロニー、機知と遊び心、はかなさと偶然性、希望の七つの軸を挙げ、その成分の比率から絵画が生ずると言ったそうです。

明瞭なのは、印象派にとってのレアルが「外から内へ」であったのに対して、表現派においては、その流れは、内から外へと向かっていて、レアルはここでは自身の心のあり方へと移っているかのように見えることです。

モネからロスコへのレアルの重心の逆転は、正岡子規と夏目漱石《なつめそうせき》との関係でもあります。たとえば、漱石の作品中で最長であって、則天去私《そくてんきょし》の心境を描こうとしたと言われている『明暗』を例に取ってみましょう。そこでは、主人公の津田由雄《つだよしお》、その妻・お延《のぶ》、妹・お秀《ひで》、かつての恋人・清子《きよこ》の心理描写が、鋭利な筆致で描かれています。しかし、ここで照準をあてられているのは、「私」であって、延々と「私」を追い求めることで、むしろ「私」がとめどもなく見失われていく様子が臨場感を持って活写されています。

『明暗』においては、外部世界から予想外に侵入する攪乱者として痔核と吉川《よしかわ》夫人が登場しますが、子規ならば、むしろ、痔によってお尻に開いた穴を体感し、そこを活写する一瞬に明滅する「私」を捉えようとしたような気がします。子規が、「食べる」「病む」「見る」といった行為を通して対象に没入することで、則天去私を実行し、ものに照らされた見事な「私」を浮かび上がらせているのに対して、『明暗』の主人公を枠づけているのは、むしろ、物語の外にある痔核とか津田を不倫へと誘《いざな》う吉川夫人であって、生きることの不可解さ、あるいは隠されたレアルなものの不可解さに主人公は翻弄されるのです。

向こう側の謎がないポップ・アート

向こう側には明かされるべき謎があって、そこにレアルが存在するという構図が、ロスコにも漱石にもあります。神田理沙さんもそうですが、この謎、このレアルを捉え損ねれば、人生は生きるに値しない何事かとなってしまうという促拍感《そくはくかん》がそこにはあります。

ロスコや漱石にとって対象の向こう側にある謎は自身が生きていてよいのだということを担保するかけがえのない何かであり、子規やモネにとっては対象に深く分け入ることこそが生きることでした。これに対して、代表的なポップ・アートの画家、アンディ・ウォーホルにとって、作品といわゆる自己実現はこうした直線的な関係にはありません。

漱石の『明暗』はいかにも謎めいた作りになっています。そこには何か予言的なものと哲学性とがあり、その向こう側にはいかにも何か途方もない意味がありそうな予感を私たちに与えます。松本卓也《まつもとたくや》氏が垂直性という言葉で表現している向こう側へ行かねばならないという強烈な促拍感を私たちはそこに感じるのです。しかし、ポップ・アートには基本的にはこうした謎や哲学性、形而上学的な臭みがありません。それは良質ではあっても一個の商品であって、商品として完結し、そこには制作者の人生が託されていないという特徴があります。

ロスコの絵画においては「私」がいかに具現化されるかが常に問題であって、この「私」はその時その場で代替えがきかないかたちで具現化されるべき何事かです。ロスコの絵に私たちが魅せられるのは、ですから当然のことです。しかし、ウォーホルのいくつかの代表作、マリリン・モンローやキャンベル・スープの缶がわずかな違いで反復され、大量消費される図柄に私たちはなぜ魅せられるのでしょうか。

ウォーホルの絵画を成立させる「いいね」

二〇一九年、神戸で開かれた『てんかんをめぐるアート展』という企画で、私は一枚の印象的な作品を見ました。ひじょうに残念なことにその作者も作品の名前も失念してしまい、何とか教えてもらおうと努力はしたのですが、今のところその情報は失われたままです。

その絵はウォーホルの先に挙げた絵画のように、何十もの類似した図案のくりかえしからなる絵画でした。くりかえしの一つのマスは、さまざまの高速道路の渋滞状況図で、そこに作者と思しき人物がさまざまの表情をして貼り付けられているというものです。構図の基本コンセプトは同じなのですが、ウォーホルの絵との違いは大きく二つあります。

たとえば、マリリン・モンローも、キャンベル・スープの缶も、当時、下手をすると世界中で誰も知らないものがいないほど、おしなべてみんなに知られ、好んで消費されていたものです。それに対して『てんかんをめぐるアート展』の絵画では、ほとんどの人が興味を持たない、そして大部分の人は消費財にすることができない高速道路の渋滞状況図が対象として選ばれています。マリリン・モンローが世界をつなぎとめるかすがいになりうるのは、当時、みんながおしなべて彼女のことを知っており、競い合って「いいね」を押していたからです。しかし、高速道路の渋滞状況図に「いいね」を押して、快感を感ずることができる人はおそらくきわめて稀でしょう。

さらに言うならば、ポップ・アートではそれを絵画として成立させる要でありながら決して描き込まれることがないみんなの視線の代わりに、アート展の高速道路の渋滞状況図には目撃者としての「私」がいちいち一つ一つに描き込まれていました。マリリン・モンローやキャンベル・スープの缶では、すでに世界中の「人」(＝“das Man”)にそれがまなざされているのは自明のことなのですから、そこには描き込まなくても暗黙の了解としてまなざしは組み込まれています。対照的に、高速道路の渋滞状況図に目撃者がいてこれを享受していることは、描き込んで保証しなければ決して自明なことではありません。『てんかんをめぐるアート展』の渋滞状況図は、ウォーホルの絵画に描き込まれずにそのレアルを担保している(あるいはその絵がもたらす快感を保証している)他者の目(“das Man”の目)を、一般大衆が決して「いいね」を押さない渋滞状況図を対象にすることで、可視化したのだといえます。

Aちゃんの青虫への興味を担保するものはAちゃんだったのですが、Bちゃんの空色のランドセルを意味のあるものにするのは、一年生のクラスの同級生一般です。

ウォーホルの絵画を成立させているのは、さまざまのマリリン・モンローの背後で一般大衆が競い合うようにして押しつづける「いいね」であり、その向こうに何も存在させないことこそを、ハイデガーの言うような頽落《たいらく》ではなくて、むしろ、それだけは遵守すべき倫理としてウォーホルは提示しています。

大澤真幸《おおさわまさち》的に表現するのであれば、大きな物語が有効に機能して自分が家庭や社会で果たしている義務がそのまま社会の要請を満たしていると信じられた理想の時代と、そういった一次的共同体（家庭やクラス）と二次的人為的共同体（国や世界）の蜜月状態が成立しなくなった虚構の時代あるいは不可能性の時代の異なった倫理のあり方であるといえるかもしれません。

「自分の絵は壁紙にすぎない」という疑念――ジャクソン・ポロック

ジャクソン・ポロックは、ロスコと同じように自己の内面の自己実現を絵画において追求した画家だと、この本では考えておきたいと思います。ポロックの絵画は徹底した抽象画で、無数の染みと線が美しい模様を織りなすものです。しかし、ポロックは彼が時代の寵児であった得意の絶頂の最中に、ファッション雑誌“VOGUE”誌を飾った自らの連作を題材にしたセシル・ビートンの美しい写真を引き金に破滅へと向かいます。

　セシル・ビートンは、一九五一年、美しいモデルを、ポロックの「秋のリズム」「ラベンダーの霧」「ナンバー27」という前年に描かれた絵画を背景として撮影し、好評を博します。しかし、この“VOGUE”誌に飾られたクールな写真を見て、ポロックは「自分の絵はモデルを引き立てる壁紙にすぎない」のではないかという疑念に囚われ、それは次第に「自分の絵はほんとうに絵と呼べるのか」について根本的な自己懐疑へと至り、ポロックを一躍有名にしたアクション・ペインティングという手法を中断します。

　アクション・ペインティングというのは、ロールシャッハの図版の制作過程のように、キャンバスに顔料を落として偶発的にできあがる染みを作品のうちに取り込んでいくものです。アクション・ペインティングにとっては、作品という最終産物は結果として生まれる余剰であって、制作過程のほうが本来的な作品なのだと考える芸術行為です。

　自らの作品を壁紙のように無個性的に仕上げたいと考えていたウォーホルと対照的に、自分の内奥のかけがえのない発露である自らの作品が美女を飾るスカーフや手袋と同じちょっとしたアイテムの一つにしかすぎないのではないかという疑惑は、ポロックにとって耐え難いことであったのは想像にかたくありません。

　ポロックはこの事件を契機に作品数も極端に減っていき、一九五六年に飲酒運転で高速で疾走し、交通事故で死亡します。ジャクソン・ポロックの破綻は、それまで世界のなかでも格別で特権的なものだと思っていた自己実現が、単なる世界のうちにある横並びのものの一つにすぎなかったことに対する耐え難い屈辱感から来たものです。注目すべきは、あくまでも絵画において自己実現をするというシステムの内側で彼の絶望は成立しているという点です。

つまり、壁の向こう側に何かかけがえのないものがあって、自分が描いたものはそのかけがえのないものではなかった、自分は本物ではなかったことをポロックは恥じ、絶望したのであって、かけがえのないもの、レアルが存在することへの信仰それ自体はそこでは問題になってはいません。

ひりつくような自意識――「エヴァンゲリオン」

「エヴァンゲリオン」の楽しみ方は、ウォーホルのシルクスクリーンによる絵画の創作法とある種の（少なくとも表面的な）近縁性があります。ウォーホルにおいては、マリリン・モンローとか、コカ・コーラのような誰にでもわかる原画（一枚の写真あるいはポスター）が選ばれます。それがシルクスクリーンを用いて転写されるのですから、初めから一種の二次創作として作品が制作されているといえなくもありません。とめどない二次創作を特徴とする「エヴァンゲリオン」との類似性はそこにあります。

しかし、「エヴァンゲリオン」では、ウォーホルとは対照的に、意味は過剰なまでに供給され、ロスコや漱石と同様に、謎めいたかたちで向こう側にある真理の存在がこれでもかと暗示されています。

そもそも「エヴァンゲリオン」という名前の由来は福音書です。福音書が、直接には到達しえないキリストの真実の言葉をめぐってくりかえし近づく漸近線《ぜんきんせん》のようにして語られるのをその構図はひな型にしていて、何かあるべき自分自身の中核に向かって執拗に物語は展開していきます。

「ぼく―きみ」という個人的な世界から、いきなり世界の終末へと飛躍する、ひりつくような自意識過剰さはまさに中二病的です。学校・地域・職場といった身近な社会を捨象して、自分の自意識の傷つきの問題をいきなり世界の終末と結びつけるストーリー展開の特徴はセカイ系とも呼ばれているそうです。こういった終末ファンタジーの細部の造りは、ほとんど自分自身の傷つきと重ねあわされているという点で、自分の刻印を徹底して排除しようとするウォーホル的な方向性の対極にある作品作りだともいえます。

「エヴァンゲリオン」の総監督である庵野秀明《あんのひであき》は、宮崎駿《みやざきはやお》監督への批評においても、赤裸々な自分をどこまでさらけだすことができるのかが作品の価値を決めるという考えを、「どのくらいパンツを脱ぐか」という庵野一流の表現で語っています。そう考えると、庵野が自らの作品を確信犯的に「オナニーショウ」だと言い切っていることは非常に印象的です。

壁の向こう側にあるはずのほんとうの自分を大きく評価し、それを作品として見せようとしている点では、「エヴァンゲリオン」は、ウォーホルよりもポロックにはるかに近いことは間違いありません。しかし、自分が見せているものは自分でしかない自分であって、そこに何かハイデガーが至高のものであるかのように掲げているれっきとした存在、レアルはないのだという絶望感を含んだアイロニーが、庵野の語りには初めから満ち満ちています。

ポロックは、自分がハイデガーの手招きに応じて見事にそこに析出させていたはずだった本物の自分が、ほんとうはせいぜい美女を彩る壁紙のようなものにすぎなかったことに恥辱を感じて破滅したのですが、庵野にとっては守るに値するほどのレアルは初めからそこにはありません。ですから、「エヴァンゲリオン」には正典があろうはずもなく、すべての二次創作は、原典と同等の価値を有することになるのだと思われます。

赤裸々なありのままの自分をさらけ出し、それを作品として見せることにすべてをかけているという点で、「エヴァンゲリオン」はきわめて昭和的ですが、他方では、見せるものが決して大きな物語にはつながりようがないとあらかじめ断念している点で、大きな物語はもはや自分の存在を肯定してはくれず、健常発達の昭和的治癒の構図は成り立たなくなっています。

実体と価値の逆転――ボードリヤール

赤裸々に自分自身をさらけ出さなければならない、ほんとうの自分へと垂直に登攀《とうはん》しなければならない、そしてそれこそが、ばらばらの自分をほんとうに一つに束ねてくれる。そういった昭和的な健常発達の治癒モデルの残滓が、「エヴァンゲリオン」には色濃く残っていましたが、平成・令和の健常発達の生き残り戦略は、ほんとうの自分へのこうした拘りから完全に解放されています。

「あざとかわいい」という平成・令和的キーワードを、バブリーな臭いがちょっと鼻につきますが、ボードリヤールを補助線として使い、題材として例示してみたいと思います。

ボードリヤールは、ファッションについて、それが、レアル（＝本物）とどのような関係を持っているかで三つの段階を想定しています。それぞれルネサンス期から産業革命前まで（第一段階）、産業革命後（モダン）（第二段階）、そして、現代のポストモダン（第三段階）となります。

第一段階では、装いや立ち居振る舞いによって、その人が本物（本物の紳士淑女）であることを証し立てることが要求されます。つまり、この場合、レアル（＝本物）は向こう側にあって、自分がそれであるために刻苦勉励しなければならないという昭和的図式だともいえます。

第二段階については、大量生産・大量消費の実現によって、同じ製品がベルト・コンベアーで大量生産されるためにオリジナルとコピーの差がなくなった状態です。しかし、一つ一つの商品は使い勝手とか食べ物であれば味といった実体に沿って評価を受けて価値づけられることになります。

ボードリヤールは、第三段階においては、実体と価値が転倒してしまうと主張します。たとえば、金色のネックレスがあったとしましょう。第一段階で問題になるのは、このネックレスが本物の金でできているかどうかです。もし金色のネックレスが、金に似せた金でないものであるとすると、それは偽物ですから、そのネックレスは価値がないものだということになります。それに対して、第三段階では、ブランド商品がそうであるように大衆的に共有された価値づけのほうが先にあって、それがその実体性を翻って担保するという逆転が起こるというわけです。

「あざとかわいい」の構図

『あざとくて何が悪いの？』というテレビ朝日の番組では、山里《やまさと》亮太《りょうた》、田中《たなか》みな実《み》、弘《ひろ》中《なか》綾《あや》香《か》の三人を中心に、どんなファッションや仕草が「あざとかわいい」のかの線引きをさまざまのシチュエーションで判定していきます。

そもそも「あざとい」とは、もともとはたとえば異性を惹きつけるために計算ずくで異性受けがするだろうと思われるファッションや仕草をしている人を揶揄するためのネガティブな形容詞として用いられていました。他方で、「かわいい」は、素敵といった形容詞と入れ替わって、ポジティブな評価を仕草やファッションに対しておこなう中心的な形容詞の一つとして平成になって確立されました。「かわいい」→「きもかわいい・エロかわいい」→「あざとかわいい」などと、賞味期限が切れるごとに新たなバージョンを導入することでなおくりかえし使われています。

「あざとかわいい」は、「きもかわいい」や「エロかわいい」あるいは「ブサかわいい」と比べて、より構造露呈的です。先ほど触れたように、「あざとい」には本質的にはふりをするという意味が内在していますから、かわいいふりをすることがかわいいということになります。

二〇世紀末には「(かわいこ)ぶりっこ」という「あざとさ」を非難するのに特化した用語がありましたが、そこにはボードリヤールの第一段階的枠組みがまだ命脈を保っていて、ほんとうに「かわいい」ものが実際に存在していて、ほんとうはかわいくないものがかわいいふりをするからそれは偽物だという非難が成立していました。それに対し「あざとかわいい」では、かわいく装うこと以外に本質的なかわいさなどというものは存在しない、あるいは今見えている装いの背後にほんとうのかわいさなるものがあるというのは幻想であって、かわいく見えるかどうかがすべてなのだという第三段階に特有の構図が堂々と表に出てきています。

第一段階と第三段階では、目利きの立ち位置は対照的です。『あざとくて何が悪いの？』では、「あざとかわいさ」の目利きとして、田中みな実アナウンサー(タレントでも女優でもあるのでどうお呼びしていいか難しいところがありますが)がデモ映像の仕草に対する判定をおこないます。田中みな実アナを第三段階の目利きの仕方の例として選ぶとすると、たとえば宝石鑑定士と比べるとその違いは際立ちます。さらに、ナンシー関《せき》という一世を風靡したテレビ番組評論家も比較の対象としてみましょう。

ナンシー関という求道者

ナンシー関のことを覚えておいでの方はどれくらいいらっしゃるかわかりませんが、彼女は、情実によらない公平なテレビ番組批評をおこなうために、業界関係者と個人的にはできるだけ会わないというポリシーを貫き、部屋にこもってテレビ番組を見つづけて、ついにはそのための肥満と運動不足をおそらくは大きな原因として夭折しています。あるいは殉職と言ってもよいかもしれません。

プロの宝石鑑定士にとっては、一般大衆がどう評価するかからは独立したところに、評価対象となる宝石の真贋、すなわちレアルは存在しています。ナンシー関が対象としたテレビの番組は、宝石と違ってそれが価値あるものかどうかは、当然、大衆受けするかどうかと不可分に結びついていて、一般大衆の「いいね」から独立したおもしろさなどというものは、ほんとうはありえないはずです。視聴率が悪ければいくらいい番組だと力んでみてもそれなりのランク付けに甘んじるしかありません。

しかし、ナンシー関の批評は、いわば落語の通の人の批評のようで、そこには明らかにテレビ愛があり、大衆の支持や視聴率からはある程度独立した一歩も譲れないテレビ出演者の良し悪しについてのランク付けがありました。つまりは商品それ自体に品質というものがあり、それは評価に値するのだという第二段階的な目線がそこにはあったといえます。

結局は、ナンシー関は、テレビ愛が嵩じて寿命を縮めたといえなくもないことを考えると、彼女にとっては、本物・偽物が明らかに存在していて、だからこそ彼女は、そこに入れ込んでしまい、ある種の求道者のおもむきすら帯びたのだと思います。

それに対して田中みな実アナが、あざとかわいさの批評のために命をかけるといったことにはなりそうもありません。私個人はナンシー関がその生き方も含めて大ファンだったのですが、プロの宝石鑑定士が鑑定の真贋にその鑑定士の人生がかかっていると自負して刻苦勉励するのは当然のことだろうと受け取れても、ナンシー関がテレビ番組の良し悪しに命までかけて刻苦勉励してしまったことには、むしろドン・キホーテ的なペーソスが漂っています。それは、たとえば業物《わざもの》の名刀の鑑定に命をかけるのには一種の英雄性があっても、キャンベル・スープ缶に命をかけるのは馬鹿馬鹿しく見えるのと似ています。大量生産・大量消費されるものには、かけがえのない本物性が存在していないからです。

宝石鑑定士の場合には自明の前提として、ナンシー関の場合には図らずも命をかけてしまったほどの真剣さで、存在することが信じられていたレアルあるいは本物性は、「あざとかわいさ」の成立にはもう必要とされません。「あざとかわいい」は、「いいね」だけで純粋に成り立つコンセプトだからです。

野暮にならないための駆け引き

「あざとかわいい」の判定の原理は、真贋ではなく、野暮かどうかです。『あざとくて何が悪いの？』に絶対的な判定者はいません。目利きの位置にある人は、田中みな実アナ一人ではありません。田中みな実アナの判定に、修正意見を弘中アナが加え、「あざとかわいさ」に対して素人の立場をとる山里MCが「ああ、かわいい仕草だとだまされていたけども、これは意図的に演出されたあざとかわいさだったのね」と驚き、あざとかわいさ通の、あるいはそうでないゲストがそれにまたコメントします。いわば「あざとかわいい・イン・ザ・メイキング」がその場でおこなわれるのが醍醐味です。

「あざとかわいさ」は、とりあえずは、「色」（つまりもてること）をめざす目標としているという点で、「色、金、名誉」という健常発達の人の通常の「指向する課題」を踏襲しています。しかし、もてることを狙ってかわいくみせている自分に自覚的であって（あざとくあって）、どの程度、かわいくみせるのが野暮にならないか、つまり、いわば一般大衆の「いいね」の目線のなかで、どの程度「もてたい」にのめり込んだ自分をみせるのが適度なのかの駆け引きこそが、「あざとかわいさ」の成立においては肝となる部分です。自分が狙った相手をどういった仕方ででも振り向かせればそれでいいというわけではありません。

たとえば、好きな人を自分のものにする方法は他にもあるでしょう。誰にでもできるというわけではないでしょうが、古典的な手法としては略奪という方法もあります。もちろん現代において現実的に難しいのは言うまでもありませんが、「あざとかわいさ」がめざす「色」は、色の対象を略奪愛のようなかたちで自分のものにすることではなくて、相手を我が物とするという現実的な果実はもちろん結果としてついてきてもよいのだけれど、自分のことを相手に欲しいと思わせるところにその目標があります。

好きな人を自分に振り向かせる、可能なかぎり洗練された様式がここでは「かわいさ」と名付けられています。そしてこの「かわいさ」は、あたかも実際にそうであるかのように演じられていて、それにだまされると「胸キュン」するわけです。しかしそれは「ぶりっこ」という評価のように本物ではないというボードリヤールの第一段階のような真偽が問題となるのではなくて、「かわいさ」とは演じられることによってしか存在し得ないという第三段階的な感覚がそこでは徹底されています。

「あざとかわいさ」は、田中みな実アナ、弘中アナ、山里MC、ゲストの面々が雑談するなかで慎重にそれとの照準合わせが試みられる一般大衆の「いいね」のなかで生まれ、初めから終わりまでその「いいね」のなかだけで完結しているのです。

「色、金、名誉」が毒抜きされたディズニー

多くの話題について、世代間の断絶を私自身は感じたことはあまりありません。もちろん、子育てとか家事について、大きな落差があるのは間違いないのですが、言っていることが「わからない」ということはありません。若い人たちに気を使ってもらっていてのことなのでしょうし、実際相手がどう感じていらっしゃるかはもちろん棚上げにしたうえでのことですが、しかし、ことディズニーについて若い人たちと話をすると、何かディズニーに対する感性が私には決定的に欠けているのを毎回感じます。そしてこれは自分自身の昭和的・垂直的なハビトゥス（身体化した性向）とじつは深く関連する根深い違いであるように最近思うようになってきています。

かなり以前に、当時、小学校高学年だった娘に問題集を一冊やり遂げたら東京ディズニーランドに連れて行くという約束をしたために（夏休みの間、娘は泣きながら問題集を一冊仕上げました）、どうしても行かなければならないはめに陥り、一度だけディズニーランドに行ったことがあります。一人ではとてもこの難行を乗り切れないと予感して、当時中学生だった義理の姪に頼み込んでいっしょに行ってもらい、結局、一日目はつきあって、二日目は二人だけで行ってもらいました。二日目の当日は、みんなで朝ごはんを食べてからお別れをして、チェックアウトまでホテルにとどまり、その後、夕方までもよりの舞浜《まいはま》駅に

ある喫茶店でカチャカチャと一人楽しく原稿を書いていました。

もちろん大きな個人差があることは間違いありませんが、一定数のいわゆる昭和の中高年、特におじさんのなかには、私と同様にディズニー不感症と名付けてもいいような、ディズニーに対する感性が欠如した人たちがいるような気がします。ディズニーの何かに対して名指しできる特定の不快感があるというわけではなくて、ともかくディズニーランドで起こるほとんどすべての出来事に興味が持てないのです。

私の弟が子どもの時に両親にディズニーランドに行くことをせがんでいて、その時に、「自分が子どもの今、ディズニーランドに行かないと大人になって行ってからではほんとうのディズニーランドを感じられなくなってしまう」といったたぐいの、なかなかうがった理屈を主張していたのを思い出します。

ボードリヤールは、ディズニーランドのことを、「錯綜したシミュラークルのあらゆる次元を表す完璧なモデル」「実在という虚構をリバースショットで再生しようとする抑止の仕掛け」と呼んでいます。この言い回しにはボードリヤール一流のバブリーで終末論的で大時代的、さらには間違いなく昭和的な説教臭さが漂っていてちょっと辟易《へきえき》しますし、聞き苦しいのですが、レアルがディズニーランドによって支えられるという虚構と実在の逆転は確実に存在しているように見受けられます。そして、ディズニーランドによってレアルを支えるディズニー的感性に欠けたディズニー不感症の人たちには、SNSに追い詰められて死ななければならなくなる人たちのことが、今一つ実感を持ってはわからないところがあるようにも思えるのです。

ディズニーの特徴は、「色、金、名誉」の要素が徹底して毒抜きされていることです。「色、金、名誉」は、本来は昭和的健常発達の人の行動原理の骨格を成すレアルであって、統合失調症の人はこれに鋭敏に反応して時に再発の契機になることは生活臨床の実践が私たちに教えてくれたことでした。ディズニーにおいて徹底して排除されているのは生な印象を与える欲望といってもいいかもしれません。排除というよりも先ほどの「あざとかわいい」の判定のように野暮といったほうがより適切なのでしょうか。

ミッキーマウスという留め金

ディズニーに人が求めるのは「夢と希望、冒険とファンタジー」などと言われています。しかし、ディズニー不感症という昭和的な感性からは、直接的にはそこで何が快感なのかを理解することは困難です。ハリー・ポッターであればわかるのですが、どうしてミッキーマウスがおもしろいのか、しかもそこでくりひろげられるストーリーは年少の子どもでも楽しめるくらい至極単純なものです。

ハリー・ポッターはできる限りレアルに感じられ、臨場感があるように細部が工夫されていますが、ミッキーマウスは、サンタ・クロースと同じように臨場感とか実在的に見せかけるための細部とかいったものを必要としません。

そうした問いそのもの（「たとえば、あんなのネズミには見えないよ」）が、不感症の人に特徴的で致命的な「野暮」さと的外れさを露呈することになります。「ミッキーマウスはほんとうはいないんじゃないの」という問いが、「サンタなんてほんとうはいないんじゃないの」という問いと同じように決定的に的外れであることは誰の目にも明らかです。

明らかに、ディズニーに対する感性を持っている人たちのなかでも特にディズニーを深めに身体化している人たちは、ミッキーマウスを見ただけで感動しています。おそらくディズニーランドへの訪問は、一部の人たちにとっては一種の巡礼であって、自分の今を生きるためにかけがえがないとはいわないまでも、相当本質的な何かと彼らはそこで出会っているように見えます。

ボードリヤールは、ディズニーランドは、世界がもうレアルには存在していないのだということへの煙幕として機能していると主張しています。しかし、ディズニー的感性を持つ人にとって、実際にディズニーランドはもうレアルであることをやめた世界がまだレアルにあるのだという錯覚を演出するためといった消極的な理由で愛されていると考えるこのボードリヤールの解説は皮相的に聞こえます。

そうではなくて、ミッキーマウスが、ブルデューのいうようなハビトゥス（身体化した性向）となった平成の一部の人たちにとっては、もっとそれは実際に世界を支える留め金として機能しているに違いないように見えます。

表層こそが核心――天皇制とミッキーマウス

ディズニーランドの輪郭は、曖昧さなく明瞭に描かれています。そこに現れているものがすべてでそこに現れているものしかないという、つまり表面がすべてであってその向こう側がないという点では、ディズニーランドとウォーホルの絵画は共通しています。さらに、マリリン・モンローもミッキーマウスも誰もが知っていて、その時代に生きる一般大衆の目線はそこで一つに重なり合うという点も共通しています。

しかし、ウォーホルが特定の意味に観客を誘導することを可能な限り最小限にすることを一貫して自身の倫理的な行動規範として課していたのに対して、ディズニーランドは、少なくともフォビア（＝恐怖症）の人たちにとっては、「さあ、みんなここで楽しもう」「楽しいでしょ、ここは」というナッジ的な空気を強烈に感じてしまう場ではありません。

しかし、それ以上解釈の余地がないような画一的な意味へとリバタリアン・パターナリズムの誘導に身を任せ、それなりの対価を払えば、みんなと同じように、私ですら、おそらくはミッキーマウスを見ることができるようになるようにディズニーランドは設計されています。

そうなることができれば、私たちをそこへと誘導するそれまでは目障りであったナッジ的な補助線は自分の意志に完全に溶け込んで、ディズニーランドを身体化し、ディズニーを自分のうちに組み込んだハビトゥスが成立するに違いありません。

ミッキーマウスとは、平成・令和的健常発達者にとってどのような構図において支えとなりうるのでしょうか。

三島由紀夫《みしまゆきお》は『文化防衛論』のなかで、天皇制について、「行動様式自体を芸術作品化する」（型の伝承）ことと「独創は周辺へ追いやられ、月並は核心に輝」くことをその特性として取り出し、雅《みやび》の主催者としての「没我の王制」と天皇制を総括しています。

ポール・ヴァレリーが「固定観念」のなかで書いている有名な「最も深きもの、それは皮膚である」という言葉を、この三島の天皇についての理解、さらにはウォーホルの自身の作品についての理解は連想させます。つまりオリジナリティからもっとも遠く離れた「型」という月並みの極致、たとえば俳句の季語のように、誰もが知っていて誰もがその行為に参加することができる表層こそが核心であって、核心は表層の奥にあって隠されている門の向こう側や深層にはないと三島は言っているとも考えられるからです。

もしも、三島の主張するように、天皇制を一つの月並みを常に新たに永劫回帰のように反復させる装置として捉えるのであれば、一個の天皇は、ウォーホルにおけるマリリン・モンローの映画『ナイアガラ』のスティール写真のような特権的な出発点ではあるものの、決して代替え不能というわけではなく、偶有的な存在となるはずです。そして、もしそうであるとするならば、ミッキーマウスは、天皇的な布置と相似形である可能性があることになるでしょう。あるいは三島の論に従うのならば、宮廷の雅の永劫回帰的反復において時代ごとに実現されてきた「幽玄」「花」「わび」「さび」といった美的原理の系譜に連なるのは、私小説のような昭和的な日本近代文化ではなくて、表層がその核心であるという点で、ミッキーマウスこそがその正当な後継なのではないかということになりはしないでしょうか。

「空の存在」としてのミッキーマウス

大澤真幸は、『Journalism』誌に寄稿した二〇一九年の論考において、一人の天皇を承認し、天皇制を維持しているという事実が、民主主義の成立に必要な最も基本的な最小限の合意として日本では機能しているのではないかという論を展開しています。しかし、そうであるとすると、天皇に合意できない外国人が日本人になろうとした場合、これを日本の民主主義が吸収できなくなるのを問題視し、天皇制を今後とも日本の民主主義の基本的な最小限の合意として機能させようとするのであれば、その根源的な改定が要請されると主張しています。

三島がいみじくも「没我の王制」という言葉で表現したように、天皇の場所を占める者は誰であれ、政治的な欲望だけでなく、個人的な欲望も少なくともその職においては持たない「空《くう》」であることを要請されています。実際、この国に住む人たちの幸せを祈り、それに寄り添い、さらにはこの国の近代の歴史の連続性を担い、その責めを負っているかのごとく、つまり政治的・個人的欲望は持たない透明な存在であるかのごとく、平成・令和の天皇が振る舞ってきたのは間違いないでしょう。たしかに、こうしたあり方はほとんどすべての日本人の利害を侵害することはなく、基本的な最小限の合意として機能する資格はじゅうぶんありそうにみえます。

そう考えると、「夢と希望、冒険とファンタジー」を司るミッキーマウスも同じように政治的・個人的欲望を持たない「空」の存在です。天皇が実際に何かをしてくれるわけではなくとも、つらい時に心にかけてもらっていると感じるだけで私たちが癒されることは想像にかたくありません。同じように、ミッキーマウスも、何かを具体的にしてくれるわけではありませんが、おそらくはディズニーランドを身体化できた人たちにとっては、ディズニーランドにいる限り、常にミッキーマウスは傍らにいて、そこにいる人たちの基本的な最小限の合意として機能しているとも考えられます。

ディズニー不感症が病膏肓《やまいこうこう》に入って、さらにディズニー嫌悪症に至ってしまっている一部の昭和的健常発達症者においては、容易にミッキーマウス的世界を身体化する平成・令和的な人たちは、しばしば政治や世界に無関心な意識低い系の人たちに見えてしまいがちになります。しかし、そこには昭和的な健常発達者が宿痾のように必要とする大きな物語を回避する知恵が存在している可能性があるようにも思えるのです。

大きな物語との一体化

越えがたく高い障壁を設定し、その向こうへ行けばほんとうによく生きることができるための資格を得ることができるという昭和的な誘惑の仕方をハイデガーの罠と呼んでおきたいと思います。これがどうして「罠」なのかというと、ハイデガーの『存在と時間』を最後まで読むと、壁の向こう側に待っているのは実際には「死」だというおちがあるからです。

もちろん、ハイデガーのいう死は、細川亮一《ほそかわりょういち》が指摘しているように、哲学的には、目の前のものから始めて世界を組み上げるアリストテレス哲学を、あのデカルト的な超プライベートな「私」から始めて組みなおすという壮大な試みの一部と考えることもできるのですから、単純に私たちがイメージする死と違うのは間違いありません。

しかし、アリストテレスが、机や椅子など、彼の哲学をそこから始める目の前のものを形容する際に用いるエンテレケイアという言葉には、目的（＝終末＝死）がすでに具現したものという意味がもともとあります。アリストテレス哲学では、目の前の机や椅子という、すでに死んでいるもの、あるいは死（＝その存在の意味）がすでにそこでは具現されてしまっているものから出発するのに対して、ハイデガーは「私」というこれから死へと向かう存在を哲学がそこから始まる最初の対象に選んだという構図があるのです。つまり、ハイデガーは生きながら死を私たちのうちに具現せよと言っているのだとも受け取ることができます。

ここでいう死とは、椅子や机がそうであるような確固とした存在のあり方なのですから、神田理沙さんが希求した「常に変わらぬありのまま」と、まずまず比肩しうる何かと考えることができるでしょう。神田理沙さんがめざしたものは、やはり、ハイデガーがそこへ行くようにと手招きしている構図ととてもよく重なりあうのです。

ハイデガーが手招きする門の向こう側は、むしろそこに行けないからこそ機能しているような一種の詐欺的な構造になっていました。ですから、つぎつぎに目先を変えて別の門へと目標を変え、門そのものの存在への問いから目を背けることで生き延びている私たちにとって、あえて本気で門をくぐろうとした神田理沙さんは英雄的に映ったわけです。

しかし、存在への問いから目を背けるのでもなく、神田さんのように存在への問いの前で砕け散るのでもなくて、門の向こうの大きな物語と一体化するという、もう一つの生き残り戦略が昭和的健常発達症者には残されています。アメリカン・ドリームのような個人の立身出世が国家の発展と蜜月状態にあるのだという物語や、革命に身をささげることで理想の社会ができるのだという大きな物語を門の向こう側に見立てることがそれです。ディズニー不感症（あるいはより重症のディズニー嫌悪症）は、大きな物語的なものを構成的に含む私たち自身のうちに骨肉化している存在様式が、身体的な拒絶反応を示している可能性があるのではないかというのが当座の仮説です。

世間の中央値はどこにあるか

「あざとかわいく」あるためには、きわめて鋭敏な世間のメジアン（中央値）との距離感、あるいは第二章で触れた忖度脳のフル回転を必要とします。第一章で、洗練されたいじコミのことを少し話題にしました。京都やイギリスのいじコミのことです。『あざとくて何が悪いの？』における「あざとかわいさ」の品定めは、こうした京都やイギリスでの文化的いじコミの応用編だと考えるとよいかもしれません。

「直截的な表現」は、こうした文化的ないじコミにおいては禁忌となります。「あざとかわいさ」は、どの程度のあざとさであれば、見る者を不快にさせないのかに対する絶妙なバランス感覚を必要としています。

京ことばでのいじわるもそうです。あからさまな失礼にならないような微妙な言い回しがそこでは求められています。そしてこの綱渡りのように絶妙な比率で配合された適切な量の悪意のやり取りをむしろ楽しむこと、それが『あざとくて何が悪いの？』と京ことばの共通点です。

Bちゃんや香世と『あざとくて何が悪いの？』のやり取りの大きな違いは、自分の言葉に秘められた悪意への自覚の度合いです。子どもであるBちゃんは言うまでもありませんが、香世にしても、相手への悪意と自分との間に距離感はほとんどなく、自分の相手へのいじわるはまったく正当なことだ、当然のことだと彼女たちは感じていたに違いありません。彼女たちは、ある意味自分が自分であるために、レアルな自分を守るために戦っている戦士だともいえます。

それに対して、『あざとくて何が悪いの？』でのデモ映像の女優さんのあざとかわいさに対するあら探しの目的は、世間のメジアンはどこにあるかの落としどころを探ることです。世間のメジアンは、絶えず揺れ動き、ゲストが誰かによっても微妙なずれが生じますから、番組に臨場している人のやり取りのなかで、微調節をしつづけ、自分たちを世間一般のまなざしと同調させ、世間一般の「いいね」にピッタリと重ね合わせる作業を毎回おこなわなければなりません。そして、世間一般の「いいね」と過不足なくピッタリと自分たちの「いいね」が重ね合わさった感が会場で共有される時、おそらくはこの「いいね」感は、昭和の大きな物語による自己像の承認と同じような治療効果を、健常発達の一次病理に対してもたらすのです。それは私たちが、ウォーホルのキャンベル・スープ缶やモンローを見上げる時の快感と相通ずるものがあるように思えます。

ディズニー的な手当ては、これと比べるとより入念な準備をおそらくは必要とします。ディズニーが健常発達の一次病理に対して治療的に働くためには、その前提としてディズニーがじゅうぶんに身体化されている必要があるからです。

交じり合うハレとケ

ディズニーランドが、かつてのお祭りがそうであったような一種のハレの場であることは間違いないことでしょう。しかし、ディズニーランドにはお祭りのような参加している人たち全体の間での連帯感や一体感はそれほど感じられません。非日常の場へと出かけることで、日常の憂さを晴らすという意味では、伊勢へ伊勢へと何百万人もの老若男女が押し掛けた江戸時代の「おかげ参り」にも似ていますが、ハレ（非日常）とケ（日常）は、ディズニーランドにおいては、はるかに近接し、交じり合っています。幼少時から定期的に通いつづけてディズニーランドをじゅうぶんに身体化した人たちとディズニーランドの関係は、ケ（日常）へのその食い込み方という点では、特定の宗教の信者と教会との関係にも似ています。しかし、ミッキーマウスとの関係は神との関係のような超越的な何かを見上げる上下の関係ではなく、横並びの関係です。

祝祭の時間をハレ、毎日同じように同じことをくりかえす農作業の時間をケとして、その循環に日本人固有の時間感覚が存在することを一世紀近くも前に指摘したのは柳田国男《やなぎだくにお》でしたが、盆や正月、婚礼やお祭りといったハレの日に対する興奮が減退していることをすでにその当時から指摘しています。

祭りや盆暮れといった目に見える外在化されたハレの日の代わりに、近代化とともにハレの日は内面化され、自分のうちにある向こう側として確立され、ハイデガーの罠的構造が構築されていきます。しかし一〇〇年以上かけてじっくりと身体化してきたとはいえ、こうした近代的自我はそれでも日本人においては三島由紀夫が指摘するように文化的な接ぎ木であることも確かでしょう。

江戸の「おかげ参り」は、祭り、盆暮れというかたちで時間が司っていたハレとケの境界を、場所に置き換え、そのことによって、少なくとも潜在的にはケが常にハレへと転回しうる状況へとハレとケの関係を転換しました。ディズニーランドは、伊勢神宮と同じように常にそこにありますから、日常ではないディズニーランドを日常の中に読み込むポテンシャルが開かれていることになります。幼少時からの陶冶によってディズニーランドというクリシェ（決まった型）をきちんと身体化すれば、ミッキーマウスは私たちの心のうちに常在することになります。

気ままで、移り気で、常にメジアンがどこにあるかの距離を慎重に見定めなければならない世間一般のまなざしと比べると、ミッキーマウスのまなざしは常に一定で、そこからは「色、金、名誉」をめぐる隠された意図はあらかじめ排除されていて、ミッキーマウス一人に「いいね」を言ってもらえれば、私はもうばらばらな瞬間へと溶け出さない。ですから当然のことながら、「色、金、名誉」を少しでもからめてミッキーマウスを利用することは、時に耐え難い冒瀆として映るに違いありません。

健常発達的なあり方が、昭和から平成、令和にかけて大きな変貌を遂げたのではないかというコンセプトでこの章は進んできたわけですが、誰かの「いいね」によって名指されることが、ちゃんとこの世界の中でれっきとした存在になるための条件となっているという構図は、時代を超えて一貫しているといえます。

昭和においては、この「誰か」は、あたかも普遍的なものであるかのような装いをしていて見えにくくなっていました。それが平成・令和と時代が下るにつれて、私たちは自前で「いいね」をそれぞれに調達することを余儀なくされます。さまざまの工夫を凝らしてそれぞれがそれぞれの「いいね」を見つけて自分がばらけてしまって世界の外へと溶け出してしまわないように懸命に喘《あえ》いでいるというのが本章のまとめとなるでしょうか。

第五章　定住民的健常発達者とノマド的ＡＤＨＤ

向こう側を持たない世界の「いいね」

Aちゃんの生活は一種ノマド的です。つぎつぎにおもしろいと思えることに興味は変転し、青虫さんとの出会いに喜び、別れに号泣し、塾ではやたら手を挙げてハイハイ言っていたかと思えばたちまち飽きてやめてしまいます。今度は水泳に通いはじめ、近所のおじいさんの散歩にちゃっかりついて行って虫取りにつきあわせ、若干おもらしをしても瞬く間に自分で替えの下着に着替えて意にも介しません。

対して、Bちゃんの生活は定住民的です。根回しと駆け引きで同級生を支配・被支配関係におき、承認欲求を満たし、私は誰かという問いに対して、「空色のランドセルの子」と周りの人に答えさせるために、もう一人の「空色のランドセルの子」候補であるAちゃんを取り込むか、あるいは場合によって何らかのかたちで打ち滅ぼすか（この場合は登校拒否に追い込むかでしょうか）しなければ、自身の顔を失ってしまうリスクを背負わねばならなくなってしまいます。いわばBちゃんにとっては、自分が空色のランドセルの子か、Aちゃんが空色のランドセルの子かは、自分がこの世界のなかでちゃんと存在できるかどうかをめぐる、少し大げさですが生きるか死ぬか“to be or not to be”の闘争であるとさえ言えそうです。

ウォーホルもそうですし、ドゥルーズもそうなのでしょうけれど、そこで表明されている倫理を、「向こう側はない、今、ここでこの表面で生じている何か以外のものはない」というように、とりあえず前章では総括しました。そうなると、「いいね」の果たす役割は、昭和的なハイデガーの罠がきちんと機能していた場合よりも、緩衝材なしの直接性をもって私たちに迫ってくることになります。

そしてそう考えると、ＳＮＳの誹謗中傷の被害者たちは、ある種の錯覚の結果、亡くなったのではなくて、もっと本質的な、今を生きる多くの「健常発達の」人に共通する問題に直面して亡くなったのではないかということになるでしょう。ジャクソン・ポロックの死が、近代の倫理が強《し》いたものであったとすれば、「いいね」は、向こう側を持たない世界において、より死活的な役割を果たすことになると思われるからです。

「いいね」に疲れてしまった人の突破口

第二章でＡＤＨＤのドーパミン移行欠陥仮説のことを取り上げました。この仮説によれば、ＡＤＨＤは、読みようによっては最初のその場その時の直截な快感（佐藤錦のおいしさ）を、より長期的利益に沿った、社会的文脈からみてより有用性の高い行為（勉強すること）への快感へと置き換えることが不得意な脳のスペックとも解釈できそうでした。さらに、時間知覚のところでは、ADHD的な心性を持つ人では、外部の対象とより直接的に結びついた知覚である感覚クォリアが生《なま》のまま回収されずに零れ落ちてしまう確率が、健常発達の心性を持つ人よりも高そうだということにも触れました。社会的文脈からみてより有用性の高い対象よりも、その場その時の直截な快感は、生の感覚クォリアに遡りうるポテンシャルがより高い出来事であることもおそらく間違いないでしょう。

生の感覚クォリアとは、平井先生の文脈でいうのならば、これから決定されて意味の一部となるべく待機している未完了態の感覚クォリアのことですが、未完了態であるということは、デフォールトでは意識されることなく通り過ぎられてしまうということでもあります。

この章で詳しく取り上げることになるデカルト的コギタチオは、少し粗めに総括するなら、例外的にこの感覚クォリアが意識の俎上にのってしまう事態だとも表現することができるように思います。感覚クォリアはつぶされて現象クォリアのうちに回収されて完了体になることでしか、私たちの世界、アリストテレス的世界の一部になることはできません。

生の感覚クォリアが零れ落ちるポテンシャルが高い状態は、不安定であって、私たちの世界にきちんと参入するためには、障害ともなりうることはじゅうぶんに予想されますし、現にＡＤＨＤ的な傾斜を強く持つ人は、そのためにこの世界で生きることに難渋する場合があります。しかし、生の感覚クォリアとのつながりが回復される例外的な瞬間は、第四章で検討したような健常発達の一次病理への手当てのための「いいね」の確保に疲れ果ててしまった人たちのための突破口の一つとしてポジティブに評価できる可能性があるのではないかということに、やはり第二章で触れました。

ＡＤＨＤ的心性と健常発達的心性

第二章のニューロティピカル症候群は、アメリカの自閉症協会有志が単純に自分たちが病気のように「診断」されてしまうことへの反発をＤＳＭというグローバルに用いられている精神科の「診断」マニュアルに対するパロディーとして提出したものでした。この本の冒頭でも書いたように、実際には、ＡＳＤにしてもＡＤＨＤにしても、誰もが一定の割合で自分のなかに持っている傾向性が大きいか小さいかの違いであって、たとえば尿管結石を診断したり、新型コロナの感染の有無を診断したりするのとは本質的に異なった「診断」なのだということを私たちはすぐに忘れがちになります。

私たちは誰でも多くの場合は、ＡＤＨＤ的心性も健常発達的心性もポテンシャルとしては持っているのであって、ＡＤＨＤ的心性やＡＳＤ的心性を「診断」というかたちに落とし込むのであれば（それがさまざまの理由で必要なこともありますから）、健常発達的心性も同様に「診断」というかたちに落とし込むことも可能だろうというのが第二章での主張であったわけです。

つぎつぎに変転する、今ここで生じた感覚クォリアあるいは実感の手ごたえに悪く言えば翻弄され、よく言えば忠実なＡＤＨＤ的心性は、社会制度的な規範になかなかなじまないという意味ではノマド的なのです。これに対して、じかな手ごたえを社会的に有用なハビトゥス（身体化した性向）へと置き換えて自らを陶冶する健常発達的心性は、社会制度的な規範に過不足なく自らをはめ込んでそこで機能することができるという意味で定住民的です。

しかし、当たり前と言ってしまえば当たり前ですが、人生のさまざまの局面において、生き延びるためには、時に私たちは自分のうちのＡＤＨＤ的心性のポテンシャルを極大化して現状の閉塞に穴を開けることが必要な場合もあれば、健常発達的心性のポテンシャルをフル稼働させて、この世界にきちんと住まうことが必要な場合もあるというのが実情に近いのではないかと思います。

三面記事的な好奇心とお喋り

ウォーホルにとって、映画『ナイアガラ』でのマリリン・モンローの一枚のスティール写真の選択は、あくまでも偶発的です。どうしてもそれでなければならなかった必然性はありません。しかし、たとえばアシスタントになんでもいいから、ちょっとこじゃれた広告の写真を持ってこさせて、やみくもにそれをシルクスクリーンに転写する種元にしてしまうわけでもなかったでしょう。アシスタントになんでもいいから気に入った広告を持ってこいと頼むことはあったかもしれませんが、ひじょうに多くのアイテムを持ってこさせたのではないでしょうか。そこから自身のその時その場の感覚にぴったり来るアイテムがおそらくは慎重に選択されたに違いありません。

しかし、だからといってたとえば、それが明確に言語化してしまえるような何かの意味と意図的に結びつけられるかたちで選択されたということもありえないでしょう。それでは、それは単なる風刺のような図柄になってしまって、今を生きる一般大衆の不特定の視線が共に見上げる絵画とはなりえないように思われるからです。

連作の数がとびぬけて多く、そしてとりわけ有名な、「マリリン・モンロー」「ジャッキー」「キャンベル・スープ缶」を、当時のアメリカの大衆は、いずれも例外なく知っていたに違いありません。一流の商業デザイナーであったウォーホルは、自分の個人的な欲望が何に奮い立たせられるかではなくて、一般大衆が何を見せられると欲望を喚起されるかに常に敏感であったはずです。

言うまでもなく何が大衆受けするかは、ウォーホルほどのデザイナーにとってもすべて予測通りというわけにはいかないのは当然です。ですからモンローにせよ、ジャッキーにせよ、キャンベル・スープ缶にせよ、同じ種元を何度か転写して、どのような連作がどの程度大衆に受けるかによって、ウォーホルはその種元に深入りするか、もうそのアイテムはやめにするかを慎重に変更していったのでしょう。実際、どう考えても他のアイテムと同等あるいはそれ以上に種元としてのポテンシャルを持っていそうな「コカ・コーラ」は、それほど数を作らず止めてしまっています。

ウォーホルの目線は、「死と惨禍」シリーズを含めても常に三面記事的であって、実際、三面記事から多くの素材が採用されていることは特筆すべきです。

ハイデガーは、本来的な人間を構成する了解"Verstehen"と対話"Rede"が、世俗化し、大衆化されたことでだめになった人間の有り様として(この様態は頽落という卓抜な訳語で訳されています)、好奇心"Neugier"とお喋り"Gerede"を挙げています。ウォーホルが自分自身の個人的な思いの混入を極小化して、それと一体化しようとしたまなざしは、その素材選びから見る限り、まさにこの三面記事的な好奇心とお喋りであったといえます。そして、三面記事的な好奇心とお喋り、すなわち、大衆の目線に徹底して晒されることで、モンローのスナップ写真は極限まで平板化し、結果として、それはある種の悲劇性と聖性を帯びることになります。まさにこの場合、「最も深きもの、それは皮膚」なのです。

マリリン・モンローの聖性

このウォーホルの絵画シリーズの種元として選ばれたマリリン・モンローに相当するアイコンを今の日本で選ぶとしたらそれは何になるでしょうか。一時期の安室奈美恵《あむろなみえ》は候補かもしれませんし、ずいぶん前の美空《みそら》ひばりであれば、候補になりえたかもしれません。しかし、たとえば安室奈美恵は、マリリン・モンローがそうであるようには素の安室奈美恵であることを結局は放棄せずに、つまりは平板になりきらずに、ついには自らの意志で大衆の目線から退場してしまいます。

マリリン・モンローの聖性は、大衆の三面記事的な好奇心とお喋りの対象へと自らを純化していき、つまりはハイデガー的な存在が極小化したことによって生まれるものです。このアイコンが成立する必要条件の一つは、みんながそれを知っていることなのですが、アイコンの消費の速さは次第に加速してきていて、マリリン・モンローと同じほどの耐久性と広がりを持つアイコンを、今の日本で見つけるのは難しいようにも思えます。

たとえばキンプリ（King & Prince）にしても、欅坂46（最近、櫻坂46に名称変更となったようですが）にしても、マリリン・モンローが、すべてのアメリカ人、あるいはアメリカ人を超えてすべての資本主義国で知られていたような広がりを持っているとは言えないでしょう。つまり、モンローが与えるような、あたかもそれが普遍であるかのような感覚を、キンプリや欅坂46を見上げる視線から浮かび上がらせることはできないともいえます。

さらに、たとえば平手友梨奈《ひらてゆりな》（欅坂46の元メンバー）は、愛知県出身で、高校では運動部に所属し、何かもう一つ打ち込めるものが欲しいという動機でデビューした素の平手友梨奈と地続きであって、ノーマ・ジーン・モルテンソン（モンローの本名）とマリリン・モンローのつながりが、モンローが実際に商品として流通していた間は可能な限り切断されていたのとは対照的です（この本を書き始めた二〜三年前と比べて平手友梨奈はちょっとモンロー化している印象はありますが）。

大衆の欲望の受け皿

宮下規久朗《みやしたきくろう》は、ウォーホルの絵画について、キリストの顔を写したといわれるヴェロニカ（聖顔布）との対比を指摘しています。宮下は聖顔布が、アイコンの原型であることを指摘したうえで、それがアケイロポイエトス、すなわち、誰かの手によって成立したものではないことが重要なのだと解説を続けています。いうまでもなく、少なくとも実際にはそれは誰かの手によってコピーされて家庭や教会で飾られるのですが、作り手の個性やオリジナリティはアイコンが聖なるものへと通じる窓口として機能するためには妨げになる不純物であって、可能な限り排除されるべきものとされていました。

そうなると、厚みという言葉を、ものそれ自体が持つ手触りや個物性という意味で使うとすれば、理想のアイコンとは、限りなく薄いことが期待されるはずです。しかし、ヴェロニカは、たとえ作者の個性やオリジナリティを背景に退かせたとしても、それ自体が崇高なものとしての意味をどうしても帯びるので、厚みをもってしまうことになり、私たちはヴェロニカ自体を偶像と取り違えてしまいがちになります。

それに対して、モンローを見上げる視線は、あくまでも三面記事的な好奇心とお喋りのためのものであって、人びとはモンローを消費し、蹂躙し、場合によってトイレットペーパーのように用済みになれば捨て去ります。陰鬱な表情をしたノーマ・ジーン・モルテンソンの厚みは、ウォーホルのシルクスクリーンの転写によって無限に薄く削ぎ取られ、ウォーホルの「マリリン・モンロー」は、それ自体は用済みになればトイレットペーパーのように捨てられてしまいます。

純粋な大衆の好奇心とお喋りの受容器、それ自体は価値のない大衆の欲望の受け皿、本来のヴェロニカよりもさらにヴェロニカらしいヴェロニカとして機能するのです。

圧倒的多数の大衆の三面記事的な好奇心とお喋りの受容器であるアイコンとして消費されてしまうことは、おそらくは自分というものがあるという(あるいはほんとうの自分になるべきであるという)思いを前提として組み立てられている近代的な(あるいは昭和的な)自我の成立条件を突き崩してしまいます。

しかも今や、圧倒的多数の大衆が一つの目線で見上げるマリリン・モンローのようなアイコンは成り立ちがたくなり、お互いに交差しない小グループの細切れになった目線がそれぞれの小さなアイコンを見上げるかたちになっています。複数の構成員を一塊のアイコンとしたAKB方式やジャニーズ方式は、細切れになった見上げる側の目線と、それを受け取るアイコン側の耐久性ということを考えるのであれば、きわめて適切なアイコンの改良版といえるでしょう。複数の構成員とすることで、細切れになった多数の目線を吸収し、さらに匿名化し、構成員を入れ替えて「卒業」させることで、マリリン・モンローがそうであったように商品としての賞味期限が切れれば用済みになって捨てられてしまう、その殉教者としての本来の性格を曖昧にすることも可能となりました。

母親との決別

健常発達者には、世間一般のメジアン（中央値）への同化をめざし、「いいね」によって世界に受肉するという特性があることはこれまで述べてきました。その特性自体は一貫しているものの、平成的な健常発達の人においては、『あざとくて何が悪いの？』において典型的に見られたように、世間一般の「いいね」のメジアンが特に昨今においては目まぐるしく変化するため、その本来の定住民性が一見、見えにくくなっています。そこで参照点として、典型的な定住民的あり方を示す昭和的健常発達の人の範例を、時代を巻き戻して改めて提示しておきたいと思います。

症例ハンスのところで触れましたが、精神分析的なニュアンスから言うのであれば、大人になるとは、去勢されることと重ね合わせて考えられています。症例ハンスのところでの理屈は、お母さんと自分は一心同体ではないということ、つまり、自分を暖め、どこにも出かけなくても自分に滋養をくれるお母さんの乳房は自分の体の一部ではないということを痛みとともに自覚することが去勢と呼ばれていました。

ですから、去勢を自覚した子どもは生き残るためには寒い外へと出かけていかなければなりません。そう覚悟するからこそ、世界へと私たちは出かけていくのであって、去勢がおこなわれなければ、世界はそれ自体として完成されてしまっているので、子どもたちは傷つくこともなく、ずっとお母さんの胸元にとどまっていることができるという筋立てです。

しかし、精神分析の去勢の理屈には、もう一つ仕掛けがあって、生きる喜びとは、この失われたお母さんの乳房をもう一度取り戻すことにあるというものです。「色、金、名誉」は、お母さんの乳房の不完全な断片であって、当座のところ私たちはこの代替えのまがい品で間に合わせるしかない。しかし、向こう側には本物があって、いつかそれを手に入れなければ生きる意味はない、ざっとそういったイメージです。

医学生が逆上した理由

立派な大人になるということは、精神分析の理屈では、どのくらいちゃんと去勢をおこなえたか、つまり、お母さんとの決別あるいはお母さんへの断念をどのくらいきちんとおこなえたかの程度によって測定されます。

わかりにくい方もいらっしゃると思うので、去勢ができていない状態の典型的な事例を挙げておきましょう。

某有名大学の医学部に現役で合格したある医学生は、スポーツも万能で、さらにはイケメンでもあったのですが、デートDVによる傷害事件を起こして逮捕されてしまいました。いうまでもなく、異性によくもてた彼はそれまで自分が女性を振ったことはあっても振られた経験はありませんでした。

ところがテニスサークルで知り合って付き合いだした女性が、数ヵ月ほどで彼に別れ話を切り出したのです。それを聞いた彼は逆上し、女性を自分の部屋に軟禁したうえで何度も殴りつけてしまいました。隙をみて彼の部屋を抜け出した女性が通報してこの男性は逮捕されましたが、裕福な男性の家族が雇った弁護士が中に入って最終的には示談になり、それまで余罪もなかったということで起訴猶予になりました。

この医学生はその女性に特別に執着していたから別れ話が耐え難かったわけではなくて、自分のほうが相手を捨てる側であるはずなのに、本来は捨てられる役回りだったはずの相手が自分を捨てたのがどうしても許せなかったといったたぐいの話をその後で語っていたようです。

昭和の男性の末路

これに対して、典型的な去勢された事例のイメージとしては、二〇〇五年のテレビドラマ『熟年離婚』の豊原幸太郎（渡哲也《わたりてつや》主演）を挙げることができるかもしれません。

定年退職の日に、妻へのプレゼントを買ってうちに帰った幸太郎に対して、妻洋子（松《まつ》坂慶子《ざかけいこ》）は離婚届に判を押して待っていて、離婚を切り出します。自分が住む家が見つかるまでは家庭内別居だという洋子に、いいところを見せようと幸太郎は家事をしようとしますが、幸太郎には家事能力がまったくありませんでした。洋子は事前に子どもたちには離婚のことを伝えていましたが、いっしょにいても面白みもなく、世話のやける幸太郎の面倒をみたくない子どもたちは洋子を引き留めます。しかし、洋子の意志は固く、結局洋子は家を出ていきます。

物語では、紆余曲折の末に、洋子は海外研修に、幸太郎は国際ボランティアに行くというかたちで、夫婦の両方がお互いに新しい人生を歩みはじめるというちょっとハッピーエンド風の大団円になっています。しかし、この大団円は視聴者が（特に初老期の男性が）あまりにも気分が悪くならないようにという配慮からつけたされた忖度の産物であって、レアリティがあるのは、大団円の部分を切り取った、会社に尽くし、家族のためと働いて搾りかすのように捨てられる昭和の男性の末路のほうでしょう。

よき昭和の健常発達者というのは、この幸太郎のような人です。おそらく聖書で「地の塩」と呼んでいる人もこういったイメージではないでしょうか。昭和の理想の男性像の一つのメジアンとして、高度成長を是とする大きな物語を背景に、懸命に会社で仕事をすることが社会に尽くし、社会から認められることでもあり、そうして稼いだお金を家族のために持ち帰ることが良き父親の責務でもありました。家族も社会もそれに満遍なく「いいね」を言い、世界がそのように成り立っていることに疑問の余地も持たない状態を彼らの理想として挙げるのはそれほど突拍子もないことではないはずです。

時代を支え、時代に使いつぶされた昭和の父親たち

男子厨房に入らずで、家庭の主宰は母親に任せ、細かなことに口出ししないのも良き家庭人としての父親の当時のメジアンであったはずです。一度は禁じられた生きる喜び、つまりもう一度お母さんのペニスになることを断念すれば、門を越えて向こう側へ行かなければならないという身を焦がすような促拍感はなくなります。そうしてその代わりに社会が肯定する大きな物語というパズルの一つのピースになることで、去勢は完成し、私たちは大人になります。

ちょっと精神分析的な用語を借りると、上述の医学生の場合には、去勢は基本的にはおこなわれておらず、「僕は押しも押されもしない立派なお母さんのペニスだ」という万能感に充ち充ちた様子が伝わってこないでしょうか。幸太郎はそれとは対照的です。

しかし、社会の大きな物語は、現代のような変転きわまりない世界においては十年刻みくらいで大きく変化していきますから、幸太郎のようにきちんと去勢を貫徹した大人は、大きな物語の変遷に置いてきぼりにされてしまいます。今では決定的な非難の対象と

なる「誰が食わせてやっていると思っているんだ！」という昭和的父親の決め台詞は、時代を支え、時代に使いつぶされて搾りかすになった地の塩の吐息のようにも聞きようによっては聞こえなくもありません。

ドラマの大団円に一種のファンタジーとして描かれているように「夢よ、もう一度」というのは、断念した向こう側として、去勢を相当に徹底して貫徹した幸太郎のような人たちのなかにも健常発達の人である限りはずっとくすぶって存在している構図であることは間違いないのでしょう。つまり、「エヴァンゲリオン」の庵野のように中二病よろしくあがくとしても、幸太郎のようにとりあえずは断念するとしても、去勢は常にし損なわれていて、行くことがかなわない向こう側は必ず夢想され、だから生きる喜びは断たれずにいる、これは昭和的健常発達の人の典型的な構図といえます。

大きな物語の身体化

時代が定める大きな物語を幸太郎のように徹底して身体化してしまった場合（ハビトゥスにしてしまった場合）、そこから古典的なうつ病が生じるのはどうしてかを、内海《うつみ》健《たけし》先生が『気分障害のハード・コア』という本のなかで紹介されています。

図6は、中二病的な人、普通の人（＝神経症的な人）、幸太郎的な人と、門の向こう側に

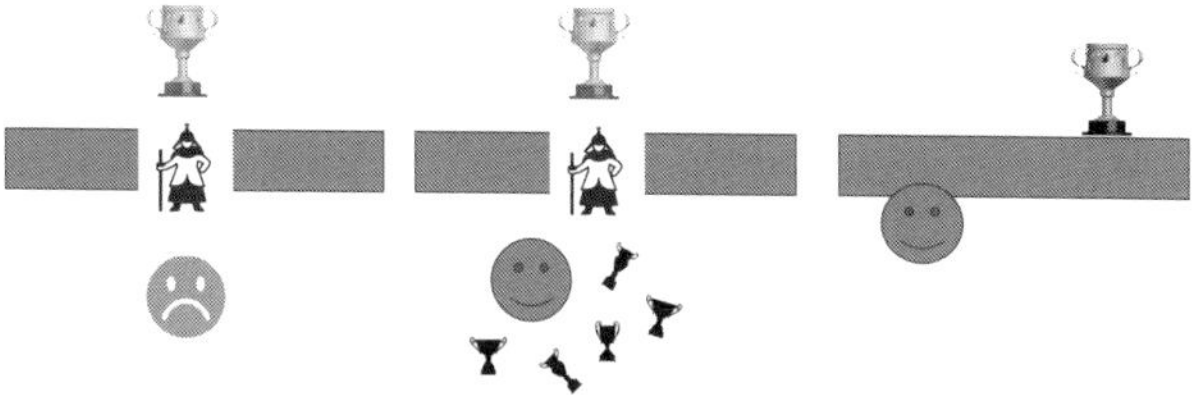

a. 中二病的な人　b. 普通の人　c. 幸太郎的な人

図6

あるはずの生きがい、あるいはレアルとの関係を示したものです。いずれも昭和的健常発達の別バージョンですが、中二病的な人の場合には、壁とそこを通すまいとして立ちはだかる門番は明確に意識されていて、そこを越えて向こうへ行けるかどうかが人生の帰趨を決するのだと思われています。

普通の健常発達の人、かつては神経症的と呼ばれていた人たちは、壁の向こうへ行こうと刻苦勉励しながらも、壁の向こうにはもしかしたら何もないのではないかという不安にうっすらと苛まれています。「色、金、名誉」に目移りしながら、壁と門番のことを半ば忘れて生きているのですが、我に返って門と門番を意識するとパニックになってしまいます。

これに対して幸太郎的な人たちは、門と門番に一体化してしまっています。大きな物語が担保してくれている限りは、生きる意味はそこですでに満たされているように感じられていて、門を越える必要などどこにもないと思われています。しかし、大きな物語自体が動いてしまって門と門番の位置がずれてしまうと、自分が一体化した門はくぐるべきほんとうの門ではないことになってしまい、その場合に、別の門にトライしなおすのはすでに手遅れになってしまっているのです。

複数の超越セット

「去勢」という言葉は、精神分析というイデオロギーを信ずるかどうかの踏み絵的な響きがありますから、もちろん、受け入れが困難な方もいらっしゃるのは当然だと思います。とはいえ、昭和的近代人の一つの典型としての幸太郎的な人のあり方には、去勢という言葉のイメージはとてもしっくりくるような気がします。

中二病的（あるいはジャクソン・ポロック的）な生き方は、幸太郎的生き方とは、一見対照的ともいえるほどに違いますが、いずれの場合も、その世界への参入の仕方には、向こう側とこちら側がセットとして前提されていて、そういう意味では、近代という同じ一揃いの超越セットに彼らはあらかじめ枠づけられていると考えられるともいえます。

超越セットというのは、カントが私たちの経験を成り立たせる経験の下部構造として構想したものです。たとえば、PCを使っていると好むと好まないとにかかわらず、WindowsやMacのOS、あるいはスマホであればアンドロイドやiOSも選択の余地なく使うことを余儀なくされてしまうわけですが、カントが『純粋理性批判』で提示した私たちの経験を規定している超越セットとは、そういったイメージです。つまり考えるためにはそれは起動せざるをえないので、私たちは従属せざるをえないわけです。さらにいえば、目が目を見ることができないように、経験を基盤として条件づけているこうした超越セットは経験を成り立たせるための下部構造なので、それ自体は通常は直接経験できないような仕組みになっているということです。

カントは、この基本ソフトは唯一無二にして普遍的なものだと考え、これを人間の条件だと想定したわけですが、今の精神医学では、基本ソフトは必ずしも一つではないという考えが大勢となっています。フーコーなども、時代ごとに経験の基本ソフト（＝超越セット）の改変が起こりうると想定したのだと思われます。

小さなモンロー

こうした考えを踏まえて、私の思春期のヒロイン、神田理沙さんとSNSによって追いつめられた、たとえば韓国の歌手ク・ハラさんやリアリティ・ショウの出演者を比べてみましょう。フーコーは、特定の時代を規定するその時代特有の超越セットのことを、サボワール（「知る」という意味のフランス語）と呼んでいます。神田理沙さんの超越セットは、ハイデガーがまとめてくれた構図になっていました。つまりそれは、以下のようでした。「常に変わらぬあ門を越えて私たちは向こう側へ行かなければならない。向こう側には「常に変わらぬありのままの自分」がいるはずである。「常に変わらぬありのままの自分」とは、ほんとうの私であって、そもそも私たちはそこへと向かうために生きている。しかし、実際には門を越えてそこに到達することは私たちには構造的に禁じられている。そしてこの最後の一行が隠されていることがこのセットを基盤にして生きていくための条件になります。

この構図においては大衆の三面記事的関心におもねることは唾棄すべき堕落（ハイデガー用語でいうならば頽落）になります。

しかし、大衆の三面記事的関心に背を向けて、純粋に自分自身の内奥を作品にする表現派の画家たち（その方向性は神田さんと共通していますが）に対して、ウォーホルは反対方向に舵を切りました。そして、ウォーホルと同様に、三島由紀夫は「風船の穴の漏れている状態、そういうものを文学にするということは、僕はたくさんなのです」と第三の新人の一人への批判のなかで語っています。

「いいね」は三面記事的関心の延長線上にあると考えてよいと思われますが、マリリン・モンローの時代には、見上げる側と受容器は截然《せつぜん》と分けられていたのに対して、「いいね」には、あらゆる人を小さなモンローにするという新たな特性が付与されています。つまり、「いいね」の受容器になることで、モンローがそうであったように私たちは程度の差こそあれ、三面記事的なお喋りと好奇心の受容器になる資格を獲得することになるのです。

たとえばBちゃんの「私」にとって、「あの空色のランドセルの子」というクラス大衆一般の指さしは、それなしでは自分を自分としてこの世界で組み上げることが難しくなるくらい、のっぴきならない自分が自分であるための操作の一部でした。

実際にはクラス大衆は、モンローと一般大衆との関係のように、それぞれまなざす側とまなざされる側に截然と分かれているわけではなくて、まなざしたり、まなざされたりする関係の原型をなお残しています。それはモンローの場合のように完全に匿名の一般大衆にまなざされるわけではなくて、半ばは匿名化しているのだけれど、それでもまだ一人一人へとまなざしの出所を少なくともその一部では手繰れないわけではないような大衆にとどまっています（つばさちゃんのクラスメートへの報復を思い起こしてください）。

しかし、SNSにおける「いいね」になると、その匿名化は格段に三面記事に近くなるうえに、自分の立ち位置は、自分の力では反転することがかなり困難な一方的にまなざされる受容器、つまりモンローの立ち位置に近いものとなってしまいます。

他者のまなざし――サルトル

一方的にある特定の何かとしてまなざされつづけることで、人が何か人であるための条件を失ってしまうという、この理屈を誰よりも早く詳細に展開したのは、昭和の時代に一世を風靡したジャン＝ポール・サルトルです。サルトルは、その後のポストモダンの奔流に乗り遅れて、今ではすっかりセピア色になってしまった観はあります。

しかし、即自、対自、対他というサルトルの用語セットは、「いいね」と「いいね」による健常発達という病を考えるためにはうってつけのところがあります。それは、サルトルの哲学セットが、他者のまなざしを人間が人間のかたちを保つための本質的な構成要素として考えているからです。

「こちら側に現実の自分がいて、ほんとうの自分は向こう側にいる」という構造が、人間というかたちを保つための基本条件だと考えている点では、サルトルはハイデガーと同じ近代の枠組みを踏襲しています。つまり、ここにいる私とほんとうの私の間に隙間が開いていることが、人間が人間というかたちを取るための条件だとハイデガーもサルトルも考えていたと図式的には総括できるからです。

しかし、サルトルの哲学セットを用いる利点は、他者のまなざしが、何か人間であることの条件において、きわめて本質的な役割を果たしていると考えたところにあります。夏苅先生の『人は、人を浴びて人になる』という卓抜な表現に倣うのであれば、「いいね」によって人は人になり、しかし、「いいね」が人を人でないものへと平板化してしまう、そうしたメカニズムに最初に真剣に取り組んだのはサルトルだと言ってもいいのではないでしょうか。

余白・余剰があって人間になる

すごく大味に言ってしまうと、即自という用語は、机とか椅子といった物として存在しているものへの形容です。対自というのは先ほど言ったように人間のあり方を形容するための用語です。そして対他というのは、人間がお互い同士のあり方に及ぼす決定的な影響を形容するための用語と、とりあえずはしておきましょう。

サルトルは、机や椅子のような即自存在と私やあなたのような対自存在の違いを、「無」"néant"を含むかどうかという、ちょっとしゃれた言い回しで表現しています。この「無」というのは先ほどの隙間のことですが、あるいは余白あるいは余剰と言い換えておいたほうがよいかもしれません。「無」というのは、今の自分は本来の自分ではないという意味での「ない」の部分を強調した表現だからです。

マリリン・モンローがブロンドボムシェル（金髪美女）だったことに間違いはなく、それにプラスして何かそれだけでは語りつくせないもの、それだけではない余白・余剰があって、この余白・余剰こそがモンローが人間であることの条件となっている、そこが机や椅子とモンローを分ける違いなのだ、サルトル的に言うならざっとそういうふうになるのでしょうか。

たとえばモンローの実像はじつは真面目な努力家で、演技派女優になるために日夜努力していたとか、そのように言語化してしまうとそれは再び本来の意味での余剰や余白ではなくなってしまいますが、モンローに生活感や立体性を与えるような奥行きのイメージともいえるでしょうか。

ポップ・アートが剝ぎ取ろうとしたもの

逆向きから描出するとすれば、たとえば、ウォーホルの絵画が最初はなおタッチの荒々しさが残されていてウォーホル個人の情動の爪痕があったのに、それが次第に機械のようにそれ自体としては自己主張のない綺麗で無機質で滑らかな線へと変化していったともいえるでしょう。

あるいは日本のポップ・アートの旗手の一人であるタイガー立石《たていし》を例に出してもよいかもしれません。タイガーにおいては、初めから、子ども用の絵本やギャグ漫画にもすぐにでも転用できるようなクリアな、タイガーその人の個人的なその場その時の情動を反映しないタッチで描かれていて、絵画とギャグ漫画の間に境目はありませんでした。ポップ・アートが剝ぎ取ろうとしたのは、対自存在が成立するためにはどうしてもサルトルが必要だと考えた、まさにこの余白・余剰だと考えると、対自存在における「無」のイメージがよく伝わるのではないかと思われます。

しかし、タイガー立石とウォーホルを比べると、たとえばウォーホルの来歴は、イラストレーターから芸術家へと「出世」したかのように（本人の意識はどうであったにせよ）見えなくもありません。それとは対照的に、タイガーはポップ・アートの旗手→ギャグ漫画家→イラストレーター→絵本の挿絵師→再び画家、などなど溢れる才能と卓越したデッサン力でいずれにおいてもその分野での第一人者として認知されそうになると、それを放り出して、名前すら変えて社会的なゼロへと超出してしまいます。

世間に名指され、登録されること

人間が人間というかたちを取るための条件が、サルトルのいうように、そうであるべきものにはなれないという、ともかくも一見したところ絶望的に見える状況であるのならば、この事実に直面しそうになることは、たとえば幸太郎的存在を代表とするような昭和の健常発達の人、つまり、普通の人には、耐え難い不安や絶望を引き起こすのではないか、これこそが健常発達の心性の一次病理であるという理屈は本書では縷々主張してきたところです。

サルトルは先ほどの対自や即自という用語が紹介されている『存在と無』の一節で、机や椅子のようなれっきとした世界に登録された人間のモデルとして、パリのカフェの小粋なギャルソンを見事な筆致で描出しています。そのギャルソンは、「私とは何？」という問いが引き起こす、この耐え難い不安への規範的な回答の一つです。つまり、その時、私とは、注文された、いくつものカフェ・オレやケーキをお盆に載せて決してそれを落とすことなく曲芸師のようにきびきびと運ぶカフェのギャルソンであり、シルクスクリーンの技法を開発し時代の寵児となったポップ・アートの巨匠であり、あるいは赤塚不二夫《あかつかふじお》にインスピレーションを与えた希代のギャグ漫画家なのです（とても昭和的に響きますが、サルトル的にはこうした回答は、極言すれば「人間疎外」ということになるのでしょう。自身の「無」と向き合うことこそがそこでは推奨されるべき生き方だからです）。

こうして世間のうちにきちんと名指され登録されれば、私はそこで一つの椅子や机のような即自存在に物象化し、欠けたものではなくなって、あるべき私、「常に変わらぬありのままの自分」をついに実現したと、とりあえずは思うことができます。そういう自分へ自分を身体化することができれば、私たちは晴れて自分とは無なのではないかという不安から解放されることになります。

幸太郎的な、大きな物語に支えられた良き夫、良き社会人を、カフェのギャルソンのより安定した進化型として挙げることもできるかもしれません。タイガー立石の何者かになることからの執拗な離脱は、こうした疑似的な即自存在には決してならないというポストモダンにおける倫理をよく体現しているように思えます。

射貫かれる視線の数

しかし、同じように疑似的な即自存在となったブロンドボムシェル的マリリン・モンローとパリのカフェのギャルソンが、一方は死を選び、他方はおそらくはそれなりに幸せな日々を送ることができた、その違いはどこにあるのでしょうか。それはおそらく射貫かれる視線の数とも関わっているようにも思われます。一種の匿名の無限とでも言っていいような、それこそ無数の視線の数的集積がいわゆるシンギュラリティのような質の変化となり、臨界点を超えて一つの生き物のように、あたかももう後戻りができないかのように圧倒的にマリリン・モンローを射貫いています。

一つ一つの大衆の視線は、マリリン・モンローを、解釈の余地もなく明瞭な線でブロンドボムシェルでしかないブロンドボムシェルへとくぎ付けにし、モンローはその時に生きながらにして抗いようもなくサルトルのいう「無」を奪われ、限りなく剝製のような即自存在へと自分が刻々と凝固していくのをただ見つめつづけるしかないのです。

カフェのギャルソンはカマーエプロンと白シャツを脱ぎ捨てれば、ピエールなり、ポールなりに戻るのですが、マリリン・モンローはモンローであることを脱ぎ捨てられません。

リアリティ・ショウのように生活を見せることを商品とする場合、大衆の視線に射貫かれた人たちが、そうやって厚みのない表象となった自分を脱ぎ捨てて、存在の隙間を取り戻すためには、心の曲芸師のような手練手管を必要とすることでしょう。

サルトルの人間であることとの条件を対自であることと考える哲学セットを使うと、「いいね」を集めることとは、対自からの脱落へと容易に転化してしまいかねないことをとりあえず直線的に説明できそうです。

お互いがお互いを石化する闘争

受肉とは原義としては霊的な存在が物象化すること、すなわち神がキリストというかたちを取って人になったことを指しています。「いいね」は、不本意なかたちで他者に射すくめられることで本来の自分とは微妙に（あるいは大きく）違った居心地の悪い何かとして、私たちを場違いに世界のなかに受肉させてしまいます。サルトルの哲学セットの最後の一つ、対他存在を使って、このことの説明を別の角度からもう少し試みてみたいと思います。

対他存在とは、交互に相手を対象化しあう相互的関係として想定されていました。人間が人間を見る視線について、サルトルはまるでメドゥーサとメドゥーサの戦いのように、お互いがお互いを石化（対象化あるいは即自存在化）する闘争であるかのように描いています。そしてこの相互石化の闘争は、対他存在と名付けられ、対自存在であることを条件とする人間にとって、人間に留まるためには避けることができない戦いのような何かとして提示されています。

第一章のシェーマLの注（57頁）のところで触れましたが、私と相手とを、同等な二つの極と考えてしまうと、私にとっては世界はとりあえずは私からしか見ることができないという現実が見失われてしまって、第三者目線で世界を局外から眺めることができるかのような錯覚に私たちを陥らせてしまうことはすでに話題にしました。サルトルの対他存在のモデルはそこのところを強く意識した設定であることにその強みがあります。

同等な二つの極を考えるモデルでは、一方的に眺められてしまう存在の側がどうなるのかはそれほど切迫した現実としては考慮できなくなってしまいます。しかしサルトルの哲学セットでは、対他存在であることは、対自存在であることと並んで、人間が人間であることの条件として想定されていますから、相手をまなざし返して机や椅子のようにまなざされることから抜け出せないことは大きな問題としてクローズアップされています。サルトル的哲学セットでは、モンローのように不特定多数の大衆の視線に一方的に晒されつづけることによって、人間であるために必要な存在の隙間（彼の言う「無」）を剝ぎ取られるという構図が強調されるのです。

家具や調度品と並列の存在

この存在の隙間を剝ぎ取られる感覚が具体的にはどのようなものか、欧州に留学中に私が感じた感覚を一つの例にとって出せるかもしれません。当時、ベルリンのシャルロッテンブルクで毎週おこなわれていた症例検討会でごく稀にたどたどしいドイツ語で私が発言した時に、一瞬、隣に座っていた普段付き合いのない同僚が虚を衝かれたような驚いた表情を見せたことがありました。それはたとえば動くはずのない机が誰も触っていないのにビクっと動いたといった、そんな表情でした。

喋らずに黙ってそこに座っている時に私が感じていた感覚は、自分がまるで椅子や机といった調度品のようにそこにあるという、日本ではそれまで経験したことのない感覚でした。大げさに言うと、貴族が召し使いの前で、あるいは飼い主がペットの前で裸になっても羞恥心を感じないような状況において、召し使いやペットの視点から世界を見ている感覚とでもいえばよいのかもしれません。

ドイツの人たちは、基本的には私に親切であって、先ほどの虚を衝かれたような驚いた表情をした人も私が喋った後にはたどたどしい私のドイツ語を聞き取ろうと耳を傾けてくれていましたから、欧州で時々感じた、言葉がちゃんと喋れない二級市民に対する侮蔑的な価値判断の混ざり合った対応であったわけではありません。しかし、むしろそこに悪意や侮蔑的な意図はなかったがゆえに、いくつかの条件が揃えば、誰かと同じ空間にいながら部屋にある調度品のように自分が見られることが容易に可能ということを、悪意や侮蔑的な意図がある場合よりも、より純度の高いかたちでこの体験は私に示してくれたのではないかと思っています。

いうまでもなく、三〇~四〇年前に欧州に留学した昭和的日本男性にありがちな、文化的庇護を剝ぎ取られて放り出されたゆえの、特異で誇張されたナルシシズムの傷つきというバイアスを大いに割り引いて考えなければならない事例であるのは間違いありません。しかし、人としてではなくて家具や調度品とおおよそ並列的な存在としてそこに存在するという体験は、まったく萌芽的ではあるものの、パリの浮浪者を前にして自分がその人たちと同じ立ち位置でそこに存在していることを描出した『マルテの手記』でのリルケや、遠くそれを通り越して、アガンベンが描く強制収容所のムーゼルマン（徹底した蹂躙によって生きる気力をなくしてうなだれる様子が回教徒の祈りの姿に似ていることからついた俗称）と連なっているのではないかとも思えるのです。

他者のまなざしがなければ受肉できない

サルトルによる人間の条件の議論をもう一度復習しておきましょう。①今の私とほんとうの私の間に隙間が開いていることが、椅子や机と人間とを区別する人間の条件である（サルトルはこの隙間のことを「無」と呼んでいる）、②他者からまなざされることで、私のこの隙間はとりあえずはなくなってしまい私は人間の条件を失いかける、③今度は私から他者をまなざすことで、私は他者のまなざしを無効にし、人間の条件を取り戻す。

サルトルの哲学セットでの対他存在に関する議論の展開は図式的に解説するとざっとこんなふうになっています。「いいね」をめぐる私たちの議論は、サルトルの議論よりも、より一層、他者のまなざしが深く「私」の生成に関わっていると主張するかたちになっています。

サルトルの議論では、他者のまなざしは、私を物象化し、私が人間であるための条件である隙間を、私から奪うことで私を非人間化してしまうという構図になっています。これに対し、シェーマLのaとa′の相克のところで紹介した議論では、他者のまなざしは私の生成にそれよりもさらに構成的に深く関わっています。aとa′の相克においては、私はそもそも他者のまなざし、あるいは他者による「いいね」によって指さしされなければ、この世界のなかでかたちを取る、つまり受肉することができない存在でした。

サルトルの議論では、まずは対自存在（隙間のある私）として私が成立していて、そのうえですでにできあがった私を、他者がまなざすことによって物象化してしまうという議論でした。ただ、こうした対自存在の構図それ自体が昭和的なあり方に規定された存在の一特殊型なのではないか、つまり、まずはじめに存在しているのは、他者の気まぐれなまなざしによってこの世界に不都合なかたちで像を結んでしまった「いいね」による張り子の虎のほうでもかまわないのではないかというのが私たちの議論です。

耐えがたい屈辱感の理由

たとえば、女性アスリートが、その競技中の姿を性的な視線で見られることに侮辱を感じるのはどうしてでしょうか。

もしも私たちが、相手のまなざしとは独立してまずは存在していて、相手のまなざしは単に、アスリートの身体を後付けで眺めるのであれば、卑しい視線を単に無視することは可能であるような気がします。しかし、私たちのa―a′としての身体は、相手のまなざしによって一方的に受肉してしまうのですから、相手のまなざしは自分のなかに入り込んできて、自分の身体を有無をいわせず受肉させてしまうことになります。

致命的なのは、私たちの身体が覆われて隠されてはいてもすでにそこに存在している物理的なそれではなくて、他者のまなざしが私たちをまなざし、侵入してきたときに、新たにそれとしてそこで生成されるものであるからではないか。つまりは、私たちは受肉する時に、常に他者の視線を構成的に取り込んだかたちで新たに生成される何かとして受肉するのであり、もしそうであるならば、私たちの身体は根源的にその成り立ちにおいて初めからすでに侵入されてしまっているものとしてしか存在しえないのではないか、ということでもあります。アスリートの身体は、そこにすでにある自分の肉体を見られるのではなくて、性的なまなざしによって眺められることで、何か淫猥なものとして新たに受肉してしまうからこそ、それは耐え難い屈辱感を引き起こすのではないか。

アリストテレスの目の前の机や椅子を第一の実体とする哲学を、デカルトは「私」を第一の実体とする哲学へと反転させました。そして、今や、「いいね」を第一とする哲学へと世界は変容しつつある、あるいは変容してしまったと考えるべきなのかもしれません。

隙間（＝「無」）の開き方

対自存在の成立条件であるこの隙間の開き方の度合いに応じて、自分の側の感覚がどのように変わるのか、具体的な例を提示しておこうと思います。ADHD的あり方にとって必要不可欠なデカルト的コギタチオのことを後から取り上げるのに、この隙間の開き方がキーワードになるからです。その代表作が『存在と無』という表題になっているほど、サルトルの哲学においてこの隙間は重要視されています。しかし、この隙間が人間の成立条件と考える発想は、近代以降の西洋の哲学者の多くに共通していますから、いまさら、セピア色をしたサルトルを引っ張り出すのはあまりファッショナブルではないと思われる懸念は先ほども言いました。

しかしこれもくりかえしになりますが、この「私」（＝対自存在）が成立するのに、「他者」が根深く関わっていることに徹底してこだわったのは、サルトルにおける「いいね」的新展開です。自分が泣きたいから泣く、笑いたいから笑うというADHD的あり方において、この存在の隙間は、幸太郎に代表されるような健常発達的、定住民的なあり方と比べると、ずっと狭いことが想定されます。

「きゅうりは嫌だ」と「自分」の間

再び例を挙げましょう。小学生の頃に私はきゅうりが嫌いで、きゅうりの生臭さとぬるっとした舌ざわりを口の中に感じると、耐え難い感覚が襲ってきたことを覚えています。給食で出たきゅうりを食べられずに残していると、当時の厳しい担任のK先生が無理やりそれを私の口の中に押し入れ、私はそれが飲み込めず吐き出したりしていました。その時、対象・嫌なきゅうりが把握されるのと不即不離のかたちで、きゅうりを嫌な私が生じていたとしましょう。

「いいね」なしでは、ちゃんと世界に形をとって存在することができないという「いいね」第一実体説を取るとするならば、この「きゅうりを嫌な私」は、世界の内にはまだきちんとは受肉していないということになります。

しかし、後から例を出しますが、きゅうりを食べることができないともっと困る場面、あるいはきゅうりは嫌いなのにきゅうりを心から食べたいと思う場面も出てきます。そこで、このきゅうり嫌いをちょっとましにする方法としてマインドフルネスという認知行動療法的アプローチを用いることもできます。

まずはゆっくりと呼吸を整えて、きゅうりを少し口に含み、きゅうりの生臭さやぬるっとした舌ざわりが嫌だと思っている自分を「反省的」に観察します。「ああ、僕はこんなふうにきゅうりの味を味わっていて、このぬるっとした舌ざわりと生臭い後味が僕は嫌なんだ。でもぬるっとしているだけだったら、もずくだってぬるっとしているし、食べた後息をとめておけば生臭さは感じないかな」などとやるわけです。

自分の気持ちが生のかたちで味わいに随伴していた時には、「きゅうり」＝「嫌だ」（私）であって、きゅうりから受ける気持ちと自分との間に隙間がありませんでした。それが、強制的に反省を挿入して自分の感覚を一歩引いて眺めてやることで、「きゅうりは嫌だ」と「自分」（私）の間に幾分かの隙間が生まれます。そうすることで、「きゅうりは嫌だ」は純然たる自分の気持ちであることができなくなり、現に私自身は今ではこうした仕方できゅうりを食べることができるようになりました。サルトルは、小学四年生の時の私の「きゅうりは嫌だ」のような、自分と感覚との間に隙間のないこうした関係を、「非措定的」"non-positionnel"と呼んでいました。

Aちゃんが電車での青虫との突然のお別れに反応して号泣した時、青虫との悲しい別れとAちゃんは、距離のないこの非措定的な関係にあったのだと思われます。これは嫌なきゅうりと小学四年生の私との関係と同じ距離感でしょう。

しかし、Aちゃんが二四歳のＯＬであったとしたらどうでしょうか。少なくとももう電車のなかで号泣することはできなかったでしょう。同じように、初めて訪問した密かに好意を寄せている女性の部屋で、その女性が短冊切りにしたきゅうりをそうめんの付け合わせとして私に出してくれたとしたらどうでしょうか。おそらく私は何食わぬ顔をして、あまつさえおいしそうにそれを食べるかもしれません。

よしんばどうしてもこのきゅうりが食べられなかったとしても、もう私と「きゅうりが嫌だ」は、前のように不即不離の蜜月状態にはないことは間違いありません。むしろ、目の前の女性の歓心を得たいがために是が非でもおいしそうに短冊切りにされたきゅうりを食べたいというのが私の切なる願いでしょうから、きゅうりを受け付けない私の身体(「きゅうりが嫌だ」)は、私に対して強い抵抗を示す私自身からは無限に距離のある対象(即自存在)として現れているとさえいえるでしょう。

抗いがたく組み込まれた他者

小学生の時に口に入れられたきゅうりを吐き出した時の「きゅうりは嫌だ」を①、彼女が短冊切りにして出してくれた時に私が感じていた「きゅうりは嫌だ」を②としておきましょう。

これとは別に第三の場合を考えてみましょう。うさという名前のうさぎを飼っていたことがあります。うさにきゅうりをやるとおいしそうにぼりぼり食べていたのですが、うさがきゅうりを食べるように私はきゅうりを食べられるのかを、この隙間問題を検討するうえでは考えてみる必要があります。

「きゅうりは嫌だ②」と「うさはきゅうりが好きだ」が違っているのは間違いないように見えます。うさは嫌いなものは食べませんし、そもそも嫌いなものを食べながら、好きなふりをするという高等技術をうさに期待するのは難しいでしょう。

しかし、非措定的な「きゅうりは嫌だ①」も「うさはきゅうりが好きだ」とは違います。もしほんとうにうさがきゅうりを食べるように、小学生の私がきゅうりを吐き出したとするなら、そのことを出来事として覚えていることは基本的にはできません。ある出来事を生活史のなかに位置づけて覚えること（エピソード記憶と呼ばれていますが）は、隙間なしには成立しないからです。

この隙間なしには、小学校のK先生はぼくに何か嫌なことをする人だという程度のいわゆる非宣言的記憶（言葉を介さない記憶）は残っても、小学四年生の給食の時に先生はぼくの口にきゅうりを無理やりつっこんだという出来事の記憶は残らないのです（注1）。

うさとうさがきゅうりを食べた時の気持ちの関係は、人間であれば、たとえばある種のてんかんの直後に無意識で行動をする場合に観察されるような自分との関係であって、サルトルのいう非措定的意識は、一見似てはいますがそれとは違う状態です。

きゅうりを吐き出した小学生の私は、そこに先生がいるのを知っていました。子細に思い出すならば、私は百パーセント反射的・身体的に口に入れられたきゅうりを自動的に吐き出したのではなくて、その時にそれと自覚はしていませんでしたが、いくぶんかは先生に「対して」それを吐き出したに違いないのです。他者がそこにいる限り、私たちの意識においては、たとえ、非措定的意識であったとしても、通常は他者が何らかのかたちで抗いがたく組み込まれてしまっています。それは通常は相互的で、人がそこにいる限り、私たちは「純粋に」、うさのようにきゅうりを食べることは不可能なのです。

だからこそ、萌芽的にではあっても、同室で隣に座っている同僚という、そこにいる他者にとって私が人としては意識されていない存在であったドイツでの体験は、一種例外的な体験であって、小規模ではあってもいわば私の人間の構造そのものを揺るがす強烈な違和感を私に与えたのに違いないのです。

野生が素のまま現れた表情

第三の場合、つまり隙間がない「うさはきゅうりが好きだ」の人における具体的な現れは、常に病理を含んだものとなります。先ほど少し触れたてんかんにおける具体例を提示しておきましょう。

側頭葉てんかんという、比較的よくある、てんかんがあります。意識がなくなる発作として、動きが急になくなり黙りこんでしまう状態が典型的には発作のしょっぱなに起こりますが、よほど見慣れている人でないと、意識がなくなる瞬間にそれだと気づくことはなかなかできません。人の表情を敏感に察知し、いつもその人と一緒にいるような人でないかぎり、何も考えずにただ「ぼーっ」としているのとの見分けがつかないからです。

しかし、見慣れると、意識がなくなった瞬間に目を見開いたままでふっと突然表情が消えて無表情になる瞬間がわかるようになります。これは意図的に真似をするのがきわめて難しい表情で、野生が素のまま現れたような表情とでも表現すればよいでしょうか、通常の生活のなかでは人においてはまず出会うことのない表情（あるいは無表情）です。

たとえば黙ってただこちらの話を聞いているかのような場合で、特段の情動的な負荷もないような雑談をしている場合、相手はそれなりに無表情で聞いているでしょうから、発作に入る前の普通の時の無表情と、発作に入ってからの凝視の無表情は、実際に写真に撮って静止画で比べたらわからなくなってしまうくらい、物理的にはきわめてわずかの差しかないのは確実です。

この種の無表情は、認知症的解体や赤ん坊の発達の特定の段階でも観察されるもので、しかもそれはやはり野生が素のまま現れた無表情に近いものです。それが「人間であることの何か中核なことと関わっているのではないか」という発想から、祖父江逸郎《そぶえいつろう》先生という中部地方の脳神経内科の泰斗が最晩年に立ち上げられたのが「人間と認知症の会」という集まりでした。つまり祖父江先生にとっては、人間であることの条件は、この表情を表情として保つ何かであるのだという直観があったのでしょう。そして私たちの表情というものは、他者の視線を構成的に自らのうちに取り込んで成立していることも確実です。

表に出てこない肉的存在

人間が成立する条件については、これとは対照的な考えがあります。精神病理学者の木村敏《きむらびん》先生は、てんかんに深い関心を持っていらっしゃいましたが、てんかん現象がどのように人間の条件と関わるかについての重心は、先ほどの祖父江逸郎先生とは正反対の位置にありました。先に存在の隙間の議論のところで説明したように、小学生の私の「きゅうりは嫌だ①」と、彼女の前での私の「きゅうりは嫌だ②」を比べると、②がもっとも隙間が明瞭で、①はその隙間が不明瞭になり、てんかんでは、隙間がなくなり、他者がまったく介在しない、むき出しの生きることが現れているとみることができます。この他者がまったく介在しない、むき出しの生きることを肉的存在あるいは単に肉と呼ぶことにします。

　そうすると、木村先生の考えは、通常は覆い隠されているこの肉的存在と私たちの絆を直接体験することを可能にする、稀有な、特権的な瞬間が開かれるポテンシャルが、てんかんではあるのだというものでした。たとえばドストエフスキーの恍惚の瞬間などがその例として何度も木村先生の著作では引用されています。そして他者の視線といった夾雑物によって普段は曇らされてはいるが、生きること（今いる自分）と存在すること（ほんとうの自分）の間には実際には隙間などは開いていない、てんかんの体験はそれを私たちに知らしめてくれるのだ、これが木村先生の一貫した主張でした。

　先ほどふれたように、表情は他者が私たちへと入ってくる臨界面であり、半ば他者と共有された私たちの表面であるともいえます。つまりは表情とは健常発達の人が「いいね」と自分を同化させる最前線だともいえるかもしれません。これに対して、肉的存在は、人間においては表情が病理によって剝がれ落ちないかぎり、表には出てこない内奥にとりあえずは隠されています。

　木村先生にとって、この肉的存在に不即不離に連結されていることが、人間が人間であることの条件だと捉えられていたとすると、祖父江先生の人間の捉え方とは、対極的な立ち位置になるということになります。

言い換えるのならば、「いいね」が自分の身体へと折り重なって像を結ぶことが人間の本質なのか、それとも「いいね」が剝ぎ取られた後になおかつ残る自分に固有の肉感と結びついてあることこそが、人間の本質なのかという二つの対照的な立場がそこで表明されていると考えられるかもしれません。

デカルト的コギタチオ

デカルトの有名なコギト、「我思う、ゆえに我あり」は、一般的には「きゅうりは嫌だ②」のことだと考えられる傾向があります。つまり、きゅうりのことを思う時、私は同時に私がきゅうりのことを思っていることを知っているというやつです。これには無限遡行の批判が常について回っていて、「『「きゅうりを思っている私」を思っている私』を思っている私」を思っている……と無限に遡行してしまい、どこまで行っても私にはたどり着かないとなるのですが、この批判は、「思う我」と「我」との間の隙間のことを別のかたちで表現したものだとも言えるでしょう。

うさやてんかんの自動症ではこの隙間はないので、すっきりしているのですが、問題は「きゅうりは嫌だ①」です。デカルトの考えでは、「きゅうりは嫌だ②」のように自覚的に意識していなくても、「これはきゅうりだ」と把握した時にはすでに私たちには、コギトが発生していて、私はそこに生成していると主張されています。

ＡＤＨＤ的傾きの大きな人というのは、「きゅうりは嫌だ①」という実感に忠実に、あるいは反射的にそれに基づいて行動をしてしまう人たちではないかと、とりあえずは考えておきましょう。そしてこのサルトルの非措定的意識と重なり合う「きゅうりは嫌だ①」を、ミシェル・アンリという哲学者は、デカルト的コギタチオと呼んでいます。「きゅうりは嫌だ①」をデカルト的コギタチオあるいは非措定的意識と等価だと考えた場合、木村先生にとってのデカルト的コギタチオは、肉的存在とそれこそ同一視されるほど近いのに対して、祖父江先生にとっては、デカルト的コギタチオは、私たちが肉的存在をむき出しにして人間を失うことを守る最後の皮膜であるかのように扱われています。

少し大人になれば、健常発達者として上手く生き残っていくためには、私たちは感覚を「きゅうりは嫌だ①」ではなくて、「きゅうりは嫌だ②」へと馴致していかなくてはならなくなります。そうしているうちに、私たちの核にある「うさがきゅうりを食べる」のような生きることとの核とのつながりが覆い隠されてしまうというのが、木村先生の方向での考えだとしましょう。

二つの考えをより正確に把握するためには、デカルト的コギタチオ、つまりは、「きゅうりは嫌だ①」の性質をもう少しだけ検討しておく必要があると思います。

まずこれはプライベート体験です。きゅうりが嫌なのは私だけで、たとえばきゅうりをとても好きな人もたくさんいて、私が感じるきゅうりの嫌さはきゅうりが好きな人には決して共感してもらえないことは明白です。

さらに、ここのところが一番問題になるのですが、きゅうりが嫌な自分を、私は普通は「ああ、僕はきゅうりが嫌なんだな」と外からいちいち客観的・反省的に眺めてはいません。きゅうりが嫌いな自分をどこか他人ごとのように眺めている場合、これを精神科用語では離人症といって自分の体験に実感が伴わない病的状態だと考える場合もあります。

実感を持つというのは、「きゅうりが嫌だ」という感覚を自分自身のものとして引き受けることですから、たとえば先ほどの認知行動療法で「きゅうりは嫌だ①」から距離を取ってきゅうりを食べられるようにしたのは、いわば人工的に離人症を自分の実感に対して起こしたともいえます。

他者の制約を外されたロビンソン・クルーソー

表情が他者に触発されて変化する自分の最前線にあるとすれば、受肉を自らの哲学の根本に据えたミシェル・アンリが人間の条件と考えた場所は、木村先生と同じようにその正反対の内奥でした。「受苦は肌を持たない。受苦とは、他のものによって触発されるものではなく、根源的な意味において自己触発“auto-affection”である」とアンリの『受肉――〈肉〉の哲学』には書いてあります。

ミシェル・アンリもそうですし、木村先生もそうなのですが、通常の意味では意識から逃れ落ちてしまうのだとしても、私たちはとにもかくにも生きていて、少なくとも生きて存在しているその中核的な何かと分かちがたく結びついている、このことこそが、私たちが人間であることの条件なのだと、くりかえし強調されています。

ミシェル・トゥルニエが書いた『フライデーあるいは太平洋の冥界』“Vendredi ou les Limbes du Pacifique”（冥界というより辺獄のほうがよいようにも思いますが）という題名の新版ロビンソン・クルーソーがあります。それを読むと、肉的存在あるいはデカルト的コギタチオが生のまま現れるのを妨げているある種の制約として他者が想定されているようにも見えます。そしてこの他者の媒介に依って組み上げられた世界が融解した後の無人島でのロビンソン・クルーソーのさまざまな体験を通して、自己触発しつづけるミシェル・アンリ的生の肉の存在がにわかに信憑性を帯びてくる様子が描かれています。

トゥルニエのロビンソン・クルーソーにおいて、他者の制約をはずされた人間は何か無限に膨張し、自由に、人間という存在が持つ本来のポテンシャルを開花させていくようにさえ見えます。無人島の他者不在の生活が続くことによって他者のくびきから解放されることで、何か豊穣そうな、それが人間であることの本質であるといわんばかりの出来事がつぎつぎと触発されはじめるからです。

ベルクソンにおいては潜在的に、ドゥルーズにおいては意図的に、アリストテレス的世界が解体されることによって制約を解かれて躍動するエラン・ビタール"élan vital"（＝生の躍動）。他者の規制が機能を半ば停止した後のロビンソンは、たしかにノマド的（遊牧民的）とドゥルーズが称揚する存在の仕方のある種の具現化のようにもみえます。

他者の欠落をめぐる決定的な落差

問題は、このデカルト的コギタチオの躍動は、ミシェル・アンリあるいは木村先生においては、その成立において他者の契機が、構成的ではないという点です。トゥルニエの『フライデー』でも、ミシェル・アンリの受肉においても、他者の契機はむしろこうした受肉の純粋性を隠蔽し、あるいは妨げるものであると捉えられています。しかし他者の契機が失われることで、「人間と認知症」的な観点から見るのであれば、グラチエ（＝Grazie、ドイツ語で優美さ・気品）は失われ、人間はもうそこにはいなくなるようにも見えます。

この二つの他者の欠落の間の決定的な落差を考えるうえで、すでに紹介した、意識

“consciousness”という言葉がギリシア・ローマ的なその起源から、一七世紀のデカルトを境に決定的な反転を被り、まったく異なった意味をもつに至った経緯を再度思い出しておきたいと思います。ギリシア・ローマ的には、「意識する」“con-scio”とは、何人か複数の人によって一致して目撃されるからそれは確かなことなのだという裁判用語であったわけです。

これに対して、デカルトの「我思う」とは、もしかすれば自分の感覚も何もかもが偽りであって、私が今ここで味わっているカプチーノの苦みは、たとえばレヴィー小体病の始まりの兆候であって、実際には脳の作り出した幻覚に過ぎないとしても、ここで何者かが苦いと感じていることそのものは疑いえないということを主張するものでした。つまり、複数の人の間で一致して反復するということは、デカルトにおいては実在を担保する条件ではありません。私がここで苦いと感じるこの苦み、「きゅうりは嫌だ①」のほうが、デカルトがそこから始めようと考えた第一の実体だったということをもう一度思い起こす必要があります。

たとえば、夏の暑い日に、あなたは恋人の下宿に遊びに行きました（これは前のきゅうりの話とは別の日のエピソードとしておきましょう。舞台設定は、やはり昭和の冷房のない下宿です）。「暑かったね」といって冷蔵庫で冷やしていた西瓜を彼女は切って出してくれました（とりあえずは冷蔵庫はもうあるくらいの昭和です）。

そもそもあなたはそんなに西瓜は好きではないのですが、ひんやりとした西瓜はかなり長い距離を歩いてきたあなたにはとりあえずはそれでも心地よく感じられました。ところが西瓜を飲み込む時に、おそらくはニンニクか何かの後味がするのにあなたは気づきます。あるいはまな板か包丁に臭いが染みついていたのかもしれません。その後味はあなたに若干の嫌悪感を引き起こしたのですが、彼女はそれに気づいていないようでもあり、彼女の心づくしは嬉しいし、きゅうりの時と同じようにあなたは何食わぬ顔でおいしそうに西瓜を食べつづけます。

デカルト的コギタチオを、西瓜の後味として残ってしまったニンニク的な違和感と重ね合わせて考えてみましょう。彼女がいなければあなたは顔をしかめたでしょうし、場合によっては吐き出したかもしれません。この後味は、もしかしたらあなたの味覚が、彼女の下宿に来るまでの道すがらあんまり暑いので買い食いしたアイスキャンデーで変化してしまったせいであって、彼女の西瓜の問題ではないかもしれず、彼女の西瓜にほんとうに何か西瓜以外の味がついていたのかどうかも確定的ではありません。それこそ何人か他の人に食べてもらってどんな後味がするかを確かめてもらわなければ、私が感じた後味が世界内存在的にレアルなものなのかどうかはわからないでしょう。

しかし、このニンニクのような後味が今私にはあるというのは間違いなくそうであって、これをデカルト的コギタチオと考えておきたいと思うのです。

デカルト的コギタチオの際限ない暴発

身体のさまざまの部位にこうしたデカルト的コギタチオは発生します。たとえば左の太ももの内側に、静かに読書をしている時にふっと感じられる蟻が這っているかのような蟻《ぎ》走感《そうかん》。あるいは心因性の発作でけいれんしていた人に、これはてんかんではなくて、何かの気持ちのストレスから起きている可能性が高いですと告知した後に、一部の人が感じはじめるとめどもない嘔吐感。

他者からのまなざしを自分のうちに制度的に取り込むことで、こうした数限りないデカルト的コギタチオの際限のない暴発を私たちは抑え込んで世界の中の身体として自分の身体を仕上げています。現にトゥルニエのロビンソンの身体も、見方によっては瞬間瞬間のデカルト的コギタチオの暴発によって次第に解体の淵源にまで近づいていたといえなくもありません。

つまり、通常身体は、他者から解放されて純然たるデカルト的コギタチオに向かい合いつづけることには耐えられず、純然たるデカルト的コギタチオの露呈は、多くは受苦としてしか私たちには受け取りえないのではないか、つまり人間としては解体することなしに、こうしたデカルト的コギタチオを連続的に引き受けることが可能なのかどうかという問いにこのことは連なります。

この問いは、「我思う」と「我あり」の間に隙間のないようなミシェル・アンリ的、木村敏的なデカルト的コギタチオを、人間であることの根拠と考えるのか、あるいは逆に人間であることを脅かすものなのかという最初の問いへと私たちを循環させることになります。

ドゥルーズの『差異と反復』における差異は、ここでいうデカルト的コギタチオと重なり合います。そして、このことが、ミシェル・アンリ、木村敏、ドゥルーズに、さらに遡ってベルクソンに共通するある種の明るさ、あるいは生きることに対する楽天性、あるいはエラン・ビタール "élan vital" へのある種の信頼に帰結していくのではないかと思うのです。

ADHD的心性の意味

デカルト的コギタチオは、通常は通り過ぎて意識されることのない生の感覚クォリアとおそらくはきわめて近い関係にあります。

ＡＤＨＤ的心性においては、アリストテレス的世界に拾い上げることが難しく、意味（＝現象クォリア）のうちに統合され損なった未完了の感覚クォリアが、健常発達の心性を持つ人に比べると多量に零れ落ちてしまう傾向があることを第二章では指摘しました。それに対して、「人間と認知症の会」で焦点化されていた人間は、「いいね」によって受肉した人間です。「いいね」で満遍なく受肉した人間が、人間の完成型であるという立ち位置から見るならば、統合され損なった感覚クォリアの大量発生は、いうまでもなくある種のシステム上のバグの産物であり、それ自体はノイズ以外の何物でもないということになるに違いありません。

しかし、たとえば詩は、このバグなしではおそらくは容易に生まれないのです。「詩は、統合されない感覚に二割の統合された感覚が拮抗するような状態の時に生まれる」と海老原愛《えびはらあい》さんという歌人がおっしゃっていたのを聞いたことがあります。詩を書く時にこの混合の黄金比がどのくらいになるのかは議論の余地のあるところなのでしょうけれど、人間というシステム自体は、「いいね」で組み立てられているのはそうだとしても、ＡＤＨＤ的心性がそのシステムにとって、単なるバグ以上の意味があるのも間違いないことのように思えるのです。

圧倒的な奔流から生き延びる術

ミシェル・アンリにおいては、デカルト的コギタチオが自己触発であることが強調されていました。トゥルニエのロビンソン・クルーソーでも、外部の媒介なしにまるで、何かが内側からあふれ出てくるかのようにそれは描かれています。しかし、デカルト的コギタチオはほんとうに純粋な自己触発なのでしょうか。

たしかに、サルトルの『嘔吐』でも、デカルト的コギタチオは、自身の内側からまるで無媒介にあふれ出ているかのように一見描かれてはいますが、実際には「排水溝の中の丸められた紙切れ」であれ、「砂浜で拾った小石」であれ、ものに出会ってそれに触発されて「嘔吐」が生じていることに注目しておきたいと思います。

こうした文脈において、郡司《ぐんじ》ペギオ幸夫《ゆきお》氏の『やってくる』が描出しているデカルト的コギタチオは、外部とのケミストリーなしではじつはデカルト的コギタチオは成り立たないことを明瞭に示しています。

『やってくる』の圧倒的な叙述のなかでも印象的なのは、ある九州の山奥の研究会後の飲み会の席で、突然、「留め金がパチンと外れたような感覚が」起こり、たとえば「ビールのお代わりでももらうか」という声が聞こえると、「ビールにまつわる定義やら過去のビールにまつわる思い出が現れ、それに続いて、ビールという言葉の使われる状況が可能な限り列挙されていく」、思考の暴走とでもいう状態がそれに続いたというくだりです。

ものすごい速度でその時に思考はスクロールされ、たとえば、「いや、ビールはいらないです」と言おうとすると、ビールだけではなくて、「いや」「いらない」「です」といったすべての言葉に対して再び意味のスクロールが始まり、自分がどのような意味を選択し文全体として何を言おうとしているかすらわからなくなる、そういった圧倒的な状態がそこでは描出されています。

そのなかで、この圧倒的な奔流に持っていかれまいとする郡司さんに、ビールが触発する意味のスクロールのなかで、「割ったガラス片で体を傷つけて死ねる」が現れ、他の瞬間には、ハサミの意味の列挙において「手首が切れる」と現れると、ガラスで身体をいますぐ傷つけなくてはならない、手首をいますぐ切らなければならないという、引き受けなければならない圧倒的に受け身的な命令として、自分にそれが迫ってきたという叙述がそれに続きます。

郡司さんは、この状態を、「外部に接することなく言葉の世界に封じ込められ、その内部を循環してしまった。その循環を言葉の世界内部において停止させようとする「私の中での試み」が、死への衝動ではなかったのか」と後から考えられたそうです。

この体験をからくも生き延びた郡司さんは、こうした体験が再び到来しかけた時に、そこから離脱するある技を発見します。たまたま足の両親指の爪が擦り合い、その感覚を「これだ」と直感した郡司さんは、爪の擦り合わせがもたらす感覚から外部へと穿つ穴をあけることができるのを発見し、内へ内へと、とめどもなく狂奔する思考の無際限なスクロールになんとか飲み込まれずに生還する術をみつけたと書かれています。

郡司さんの体験において、完全に自己触発的に出現しているのは、意味の奔流、意味のスクロールと呼ばれている体験のほうです。たとえば、ジャクソン・ポロックなどが自らのうちから導き出そうとしたのは、この意味の狂奔ではなかったかと思われます。そして郡司さんの体験から推察されるのは、この意味の狂奔は、十全なかたちでのデカルト的コギタチオではないということです。デカルト的コギタチオが成立するためには、「対象」あるいは外部が必要で、この外部との接触を失うと、どうやら私たちは炉心融解を起こしてしまうのではないかということを郡司さんの体験は例示しているように思えます。

郡司さんが自らを意味の狂奔から救い出した「技」は、あまりにも特殊で、私たちがそのままで応用するのは難しそうですが、健常発達を病んでしまった人が「いいね」に囚われて、にっちもさっちもいかなくなった時のそこからの離脱の仕方として、重要なヒントをくれているところがあるように思えます。

あんこをこねて外に出る

　残念ながら、何の番組で見たのかを忘れてしまったのですが、何かのきっかけで小豆を茹でてあんこを作ってみたら、そのあんこづくりにはまってしまって、それまでの安定した収入を得ていた会社員をやめて、あんこ屋さんになった若い女性のストーリーが放映されていました。詳細は忘れてしまったのですが、ともかく結局は絶品のあんこが作れるようになり、そのあんこを近所のカフェとか、パン屋さんとかに卸して生活するようになっているといった話でした。

　もしも彼女が、あんこを売って一旗揚げたい、あんこを通して誰かと出会いたい、あるいは日本一のあんこ屋さんになりたいという気持ちからあんこ屋になったのだとしたら、それは、一つの「色、金、名誉」の健常発達的、定住民的住所から、もう一つ別の定住民的住所に引っ越したに過ぎない行為になるでしょう。

　しかし、そうではなくて、あんこをこねてあんこができるそのあんこの手触り、そのあんこがおいしいという舌ざわり、それらが何かたまらない、だからもっとあんこをこねたい、もうあんこをずっとこねてそれで生活ができたなら……サルトルにとって吐き気がデカルト的コギタチオであったように、この若い女性にとっては、あんこの手触りとあんこの甘さこそがデカルト的コギタチオであり、このデカルト的コギタチオの手触りを真ん中にして暮らしを再設計することが、「いいね」世界からの出口になったように見えます。

デカルト的コギタチオに触発されて、衝動的に一歩を踏み出す性向は、たしかにADHD的な傾斜を大きく持つ人にとっては健常発達の人よりアフィニティ（＝親和性）の高い性向であることは間違いないでしょう。しかし、健常発達の人たちも追い詰められた時に、自らのADHD的なポテンシャルを最大限に引き出せば、それが自分たちを救う処方箋となることもじゅうぶんあるのだと思えるのです。

つまり第二章で示した「ドーパミン移行」を逆方向へと遡るのです。そして私たちが内側へ内側へと向かっていってしまう時にはそこに閉じ込められ、もはやそこから出るにはその循環的な論理のなかでは死しかないような閉塞を、郡司さんの足の親指の爪がそう機能したように、たとえば外からたまたまやってきた「小豆を茹でてあんこを作る」を受け取って、一歩踏み出すことで、思いがけず別の展開が開けることを、多くの人たちがすでに実践しているようにも見えるのです。

人間であることは疲れること

『あざとくて何が悪いの？』的に生きるためには、常に流行に乗り遅れないためにアンテナを張ることを怠らず、さらに「今、ここで」の小集団のなかでの自分の立ち位置を刻々と把握し、絶妙な配分で悪意があからさまな悪意にならないようにして、世間一般の「いいね」に自分の「いいね」が重なり合うようなアクロバティックな動きが要求されます。

もちろんこうした生き馬の目を抜くような、やり取りのスリルを楽しむことができる人たちがいるのは間違いないと思うのですが、それでも一人マンションに帰ってスーツを脱ぎ、脱力する時に、「人間であることは疲れること」とため息をつくことはないでしょうか。

幸太郎はおそらく詩を書くことはありません。きちんと去勢されてあるということは、世界からはみ出してしまうような、世界の外から「やってくる」ものを可能な限りドーパミン移行させて世界のうちで機能する有用なものへと馴致し終わっているということでもあるからです。

詩というものが、世界の外から「やってくる」ものが、世界のうちへと取り込まれるときに一瞬スパークする、うたかたのような出来事であるのならば、それは幸太郎とは無縁のものです。会社のため、家族のために、朝早くから夜遅くまで働いて、たとえ周りの誰にも小出しの「いいね」をもらわなくても、自分のなかでじゅうぶんに完結し、確かな物語にきちんと自分をつなぎ留めている凛々しさと美しさ。幸太郎的な人たちこそが私たちの社会を社会として機能させているのです。しかし、こうしてピンと背筋を伸ばしつづけながらも、「人間であることは疲れること」とため息をつくことはないでしょうか。「人間であることは疲れること」、米コロンビア大学でベルクソンが一九一三年におこなった講演でそう語っていると、藤田尚志先生の『ベルクソン　反時代的哲学』で最近読みました。ドゥルーズを読んでいて常々感じていたのは、「でもそんなことをしたら、人間は人間のかたちをとれなくなるのではないか」という素朴な疑問でした。

藤田先生の本にあった、絶えざる「動的平衡状態」への努力によってかろうじてそのかたちを保っている息も絶え絶えな存在という人間像は、精神科臨床においては、これ以上はないような実感を持ってすっきりと腑に落ちる記述です。確かに、デカルト的コギタチオが生成する現場こそ、ドーパミン移行にすっかり馴致され、有用性（長期的利害損得）にがんじがらめにされて閉塞している私たちにベルクソンがくりかえし指し示した脱出口なのでしょうけれど、他方では「人間であることは疲れること」を体現したような幸太郎的な生を単純に振り捨てることをベルクソンは決して称揚したわけではないという指摘には深く心惹かれるところがあります。

ドゥルーズにはないこのベルクソンの保守性は、人間という外皮がいかに脆く儚いものであるか、それを保つためにいかに精妙な仕掛けと営々とした努力が必要かを目の当たりにする精神科臨床においては格別に納得のいくものです。制度や政治から眺めるならば、絶え間のない脱構築をしつづけなければ、裏口から大きな物語がいつの間にか戻ってきて最悪の場合、私たちはファシズムへと引きずり落とされてしまうというのは確かにその通りなのでしょう。けれども、人間という現象に目を転ずるならば、ほんのすこしばかり動的平衡が崩れただけで、容易にそれは図らずも脱構築されて形を保てなくなり、この脱構築への絶えざる圧力にいかに抗していくかという課題に精神医学の現場では日々直面するからです。

ノマド的選択肢

健常発達の人が追い詰められた時の突破口として、「やってくる」ものは何でもよいわけではないことを、少し但し書き風に付け加えておく必要があるかもしれません。たとえば、幸太郎夫妻の最終回で、ちょっといい話として終わるために、海外研修と海外ボランティアがドラマでは付け足されましたが、これは「やってくる」ものの選択肢としては、それほどセンスのよいものではないように思えます。

海外研修や海外ボランティアというのは、いかにも門の向こうにありそうなほんとうの自分を自己実現できる風のストーリーの道具立てに使われやすそうな素材に見えるからです。しかも、そこにはデカルト的コギタチオ、嘔吐とか「きゅうりは嫌だ」が持っているような、非措定的な肌触りがありません。同じように、突破口として恋愛や結婚が選ばれる場合はさらに選択肢としてはよくない傾向があり、しばしば二次災害につながります。歪んだ「いいね」で隙間なく魔法のかけられた、息詰まるような生まれ育ったうちから逃れる最後の一手として、チャンスの神、カイロスには前髪しかないと、現れた相手をやみくもにつかんで飛び出してしまいがちです。しかし、そうすると、定型的にはその先にも同じように息詰まるような場所が待っていて、門の向こうには約束されたものはなく、もう一つ別の門をめざすしかないという健常発達の人に特有の構図に搦めとられたままということになりかねないからです。

逆に、意外にも、『臆病な詩人、街へ出る。』の詩人、文月悠光《ふづきゆみ》の場当たり的と思える試みの数々は、意味のスクロールに囚われた郡司さんの足の爪の擦り合わせと似て、「やってくる」ものとの出会いを探す、正しくノマド的な選択肢を示しているようにも思えます。「私は詩人じゃなかったら「娼婦」になっていたのか？」という文月さんの本の中のフレーズにも、残酷なほど人というものを避けがたく浴びてしまう詩人らしい敏感さが美しく響いています。そのことに心惹かれはするわけですが、枯渇せずに詩人でありつづけるためには、「やってくる」ものと出会わねばならないという決意を込めて、初詣、近所の八百屋、ストリップ劇場の裸のお姉さん、本屋で働くなどなどの手触りがつづきます。しかし場当たり的な選択肢が、詩という意味のスクロールに身を投じる行為に対する処方箋としては、さすが詩人としか言いようのないセンスのいい選択肢のように思えるのです。

注1　非宣言的記憶：ピアノを弾くとか、泳ぐとかを可能にする非言語的な記憶。クラパレードという心理学者の有名な実験では、おそらくは両側の海馬が選択的に障害されて、五分前の出来事も覚えていることができない人とくりかえし画鋲を手のひらに隠して握手を続けたところ、何回目かの握手から、もっともらしい理由をつけてクラパレードと握手をしなくなったことが報告されている。しかし、クラパレードと握手をして何度も画鋲がささって痛かったことはまったく覚えていなかった。

参考文献

はじめに

鈴木國文『神経症概念はいま――我々はフロイトのために百年の回り道をしたのだろうか』金剛出版、一九九五年
藤田博史『人間という症候――フロイト／ラカンの論理と倫理』青土社、一九九三年

第一章

伊勢田堯『生活臨床の基本』日本評論社、二〇一二年
内海健「精神病理学の基本問題――ヤスパースの『了解』概念をめぐって」『精神神経学雑誌』一二三：五四五～五五四、二〇二一年
大淵幸治『丁寧なほど、おそろしい「京ことば」の人間関係学』コクソン・インターミディエート・ラボラトリ、二〇二〇年（Kindle版）
中村由美子「広汎性発達障害と境界性パーソナリティ障害」『臨床精神医学』三九：一二三一～一二三六、二〇一〇年
夏苅郁子『人は、人を浴びて人になる――心の病にかかった精神科医の人生をつないでくれた12の出会い』ライフサイエンス出版、二〇一七年
ウィルフレッド・R・ビオン『新装版 ビオンの臨床セミナー』金剛出版、二〇一六年［松木邦裕、祖父江典人訳］

ヴォルフガング・ブランケンブルク『目立たぬものの精神病理』みすず書房、二〇一二年［木村敏、生田孝監訳、小林敏明、鈴木茂、渡邉俊之、和田信訳］
古井由美子・酒井玲子・兼本浩祐他「生体腎移植レシピエントとドナーの不安の表出について」『総合病院精神医学』二九：三七〜四三、二〇一七年
水野君平・加藤弘通・川田学「中学生における『スクールカースト』とコミュニケーション・スキル及び学校適応感の関係」『子ども発達臨床研究』七：一三〜二二、二〇一五年
和迩健太・青木省三「ボーダーラインと発達障害」『そだちの科学』一三：六一〜六六、二〇〇九年
Ford MA, Legon PC. The How to be British Collection. Lee Gone Publications, 2003

第二章

加藤隆「不確実な状況下での意思決定――ギャンブリング課題と前頭葉眼窩部の機能」『臨床精神医学』三八：五三〜五九、二〇〇九年
平井靖史『世界は時間でできている』青土社、二〇二二年
藤田尚志『ベルクソン　反時代的哲学』勁草書房、二〇二二年
茂木健一郎『クオリア入門――心が脳を感じるとき』筑摩書房、二〇〇六年
八幡憲明・石井礼花「報酬系を通した注意欠如・多動性障害の病態理解」『日本生物学的精神医学会誌』二二：二五三〜二五六、二〇一一年
Brownlow C. Re-presenting autism: The construction of 'NT Syndrome'. J Med Humanit 31:243–255, 2010
Groen Y, Gaastra GF, Lewis-Evans B, Tucha O. Risky behavior in gambling tasks in individuals with ADHD – A systematic literature review. PLoS One. 2013; 8: e74909.
Johansen EB, Sagvolden T, Aase H, Russell VA. The dynamic developmental theory of attention-deficit/

hyperactivity disorder (ADHD): Present status and future perspectives. Behavioral and Brain Sciences 28:451-454, 2005
Noreika V, Falter CM, Rubia K. Timing deficits in attention-deficit/hyperactivity disorder (ADHD): Evidence from neurocognitive and neuroimaging studies. Neuropsychologia 51:235–266, 2013
Thaler RH, Sunstein CR. Nudge; Improving decisions about health, wealth, and happiness. Penguin Books, London, 2009
Salavert, J, Ramos-Quiroga JA, Moreno-Alcázar A et al. Functional imaging changes in the medial prefrontal cortex in adult ADHD. Journal of Attention Disorders 22:679-693, 2015
Sonuga-Barke E, Bitsakou P, Thompson M. Beyond the dual pathway model: Evidence for the dissociation of timing, inhibitory, and delay-related impairments in attention-deficit /hyperactivity disorder. Journal of the American Academy of Child & Adolescent Psychiatry, 49:345–355, 2010
Wiener M, Turkeltaub P, Coslett HB. The image of time: A voxel-wise meta-analysis. NeuroImage 49:1728–1740, 2010

第三章

エリク・H・エリクソン『アイデンティティとライフサイクル』誠信書房、二〇一一年〔西平直、中島由恵訳〕
神田理沙『17歳の遺書』サンリオ文庫、一九八四年〔小野田和美編〕
メラニー・クライン『妄想的・分裂的世界』（メラニー・クライン著作集４）誠信書房、一九八五年〔小此木啓吾、岩崎徹也訳〕
高石浩一『母を支える娘たち――ナルシシズムとマゾヒズムの対象支配』日本評論社、一九九七年

ルネ・デカルト『方法叙説』講談社、二〇二二年［小泉義之訳］
Heidegger M. Sein und Zeit. Max Niemeyer, Tübingen, 1977
Popper K. The world of Parmenides. Essays on the presocratic enlightenment. Routledge, London, New York, 1998
Putnam H. Brains in a Vat. In: Bernecker S & Dretske FI (eds.), Knowledge: Readings in Contemporary Epistemology. Oxford University Press. pp 1-21, 1999

第四章

庵野秀明『スキゾ・エヴァンゲリオン』太田出版、一九九七年［大泉実成編］
ポール・ヴァレリー「固定観念」『ヴァレリー全集3　対話篇』筑摩書房、一九七三年［菅野昭正、清水徹訳］
大澤真幸『不可能性の時代』岩波書店、二〇〇八年
大澤真幸「天皇制の謎と民主主義――「基盤装置」の危うい未来」『Journalism』二〇一九年四月号
桜井徳太郎・谷川健一・坪井洋文・宮田登・波平恵美子『ハレ・ケ・ケガレ――共同討議』青土社、一九八四年
鈴木國文『時代が病むということ――無意識の構造と美術』日本評論社、二〇〇六年
長谷川一『ディズニーランド化する社会で希望はいかに語りうるか――テクノロジーと身体の遊戯』慶應義塾大学出版会、二〇一四年
藤谷俊雄『「おかげまいり」と「ええじゃないか」』岩波書店、一九六八年
ピエール・ブルデュ『実践感覚（1・2）』みすず書房、二〇一八年［今村仁司、港道隆／今村仁司、福井憲彦、塚原史、港道隆訳］

ジグムント・フロイト「症例「ハンス」」総田純次編『フロイト全集10』岩波書店、二〇〇八年［総田純次訳］
ジグムント・フロイト「否定　制止、症状、不安　素人分析の問題」加藤敏編『フロイト全集19』岩波書店、二〇一〇年［加藤敏、石田雄一、大宮勘一郎訳］
細川亮一『ハイデガー哲学の射程』創文社、二〇〇〇年
ジャン・ボードリヤール『象徴交換と死』筑摩書房、一九九二年［今村仁司、塚原史訳］
ジャン・ボードリヤール『シミュラークルとシミュレーション』法政大学出版局、二〇〇八年［竹原あき子訳］
松本卓也「水平方向の精神病理学に向けて」『atプラス』30　太田出版、二〇一六年
三島由紀夫『文化防衛論』筑摩書房、二〇〇六年
四方田犬彦『「かわいい」論』筑摩書房、二〇〇六年
ジャック・ラカン著、ジャック＝アラン・ミレール編『対象関係（上・下）』岩波書店、二〇〇六年［小出浩之、鈴木國文、菅原誠一訳］

第五章

ジョルジョ・アガンベン『アウシュヴィッツの残りのもの――アルシーヴと証人』月曜社、二〇〇一年［上村忠男、廣石正和訳］
ミシェル・アンリ『受肉――〈肉〉の哲学』法政大学出版局、二〇〇七年［中敬夫訳］
内海健『気分障害のハード・コア――「うつ」と「マニー」のゆくえ』金剛出版、二〇二〇年
ジョン・カバットジン『マインドフルネスストレス低減法』北大路書房、二〇〇七年［春木豊訳］
木村敏『直接性の病理』弘文堂、一九八六年

木村敏「てんかんの存在構造」木村敏編『てんかんの人間学』東京大学出版会、一九八〇年
郡司ペギオ幸夫『やってくる』医学書院、二〇二〇年
ジャン＝ポール・サルトル『存在と無〈I－III〉現象学的存在論の試み』筑摩書房、二〇〇七〜二〇〇八年〔松浪信三郎訳〕
ジャン＝ポール・サルトル『嘔吐』人文書院、二〇一〇年〔鈴木道彦訳〕
ジル・ドゥルーズ『差異と反復（上・下）』河出書房新社、二〇〇七年〔財津理訳〕
ミシェル・トゥルニエ『フライデーあるいは太平洋の冥界』（榊原晃三訳）、岩波書店、一九九六年
文月悠光『臆病な詩人、街へ出る。』新潮社、二〇二一年
宮下規久朗『ウォーホルの芸術――20世紀を映した鏡』光文社、二〇一〇年

後書き

ジル・ドゥルーズ『意味の論理学（上・下）』河出書房新社、二〇一〇年〔小泉義之訳〕

後書き

偶然なのですが、この原稿を書いている間に、二人の大先達が亡くなられました。木村敏先生と祖父江逸郎先生です。いずれの先生も私自身は決して身内のような存在ではなくて、直接的に師事したとはいえない淡い関係しかありませんでしたが、「人間であるとはどのようなことか」という同じ問いに対して、お二人が出された解答がきわめて対照的であったことに、この本を書きながら気づきました。

この本での私の出発点は、贔屓にしているADHD的なAちゃんを応援したいという単純な気持ちでした。しかし、書き進めていくうちに、少なくとも祖父江先生と木村先生のいずれの人間観に私自身の実感が近いかということになると、深々と何か生命に根を張る木村先生の人間ではなくて、長年の馴致の結果、ようやく構築され、私たちの表皮をつくり、私たちを今あるように見せていながら、ちょっとした動的平衡状態の乱れによって、あまりにもあっけなく、あるいは暴力的に失われてしまう祖父江先生の人間のほうであることはいざ比較してみると明確でした。つまり最終的にはBちゃんとして生きることに疲れた時の処方箋をいつの間にか考えているといった具合になっていました。

　病と呼ばれる現象が、一種の臨界点において形を取るものだとするならば、また哲学が、それ自身の論理をその極北まで展開させることをその業とするものであるならば、それぞれの病はそれに固有の哲学的方法との親和性があるようにも思えます。たとえば分析哲学とASD、あるいは現象学と統合失調症。ADHDのあり方は、ドゥルーズの『意味の論理学』で極端にみられるような多くの断章が発生過程の有機体のように直近の断章に触発されて融通無碍に変性するスタイルとある種の相似形をなしているようにも見えますし、その理想形は、設計図を欠きつつ、つぎつぎに隣接した部分が建て増しされていくガウディの建築のようであるのかもしれません。

　しかし、この相似は、病そのものへ接近するための方法論としての先ほど挙げた哲学とは、病と呼ばれている現象に対する親和性において違っています。病とは何かということを考え、それが苦しみであるとするなら、ADHD的であることが必ずしも苦しいことであるわけでもなければ、健常発達的であることがより苦しみから遠いわけでもないことは明らかです。

　病とは、病む人本人かその周囲の人にとっての受苦の体験であることが、哲学者と精神医学者を分かつ分水嶺なのだと思います。苦しいからといってそれは必ずしも病であるとは限らないのは間違いないと思われますが、誰にとっても苦しくないことがらはそれがどのようなものであれ、病ではないことも確かでしょう。

この本は、講談社の林辺光慶さんに最初に企画を相談し、担当になっていただいた所澤淳さんには脱線に脱線を重ねて読みがたくなる原稿を何度も読んで辛抱強くお付き合いいただき（名古屋まで何度かお越しいただき大変に申し訳ない気持ちです）、二人三脚で修正を重ねて読める本をめざしました。

この本のアイデアの多くは、内海健先生や古橋忠晃《ふるはしただあき》先生と新型コロナが流行りだしてから毎月行っているWeb座談会？に触発されて段々と形をとったものです。また信州大の本田秀夫先生と京大の義村《よしむら》さや香《か》先生には、親切に文献のご示唆をいただいたことをここで深謝したいと思います。

最近まで書かせていただいた何冊かの本は、サンパウロであったり、ウィーンであったり、あるいはジョージアのトビリシであったりと、学会で滞在した外国のカフェや飛行場の待合などで後書きを書くのがちょっとした楽しみだったのですが、この本はほぼコロナの引きこもりの最中に書いたので、猫の額のように小さな庭の小さなテラスで座っていることが格段に増え、隠居の予行演習ができたねと周りの人たちには言われています。

講談社現代新書　2692

普通《ふつう》という異常《いじょう》　健常発達《けんじょうはったつ》という病《やまい》

二〇二三年一月二〇日第一刷発行　二〇二四年七月二日第四刷発行

著者　兼本浩祐《かねもとこうすけ》

発行者　森田浩章

発行所　株式会社講談社
東京都文京区音羽二丁目一二―二一　郵便番号一一二―八〇〇一
電話　〇三―五三九五―三五二一　編集（現代新書）
〇三―五三九五―四四一五　販売
〇三―五三九五―三六一五　業務

装幀者　中島英樹／中島デザイン

印刷所　株式会社新藤慶昌堂

製本所　株式会社国宝社

定価はカバーに表示してあります　Printed in Japan

N.D.C. 493.7　252p　18cm
ISBN978-4-06-530538-6

「講談社現代新書」の刊行にあたって

教養は万人が身をもって養い創造すべきものであって、一部の専門家の占有物として、ただ一方的に人々の手もとに配布され伝達されうるものではありません。

しかし、不幸にしてわが国の現状では、教養の重要な養いとなるべき書物は、ほとんど講壇からの天下りや単なる解説に終始し、知識技術を真剣に希求する青少年・学生・一般民衆の根本的な疑問や興味は、けっして十分に答えられ、解きほぐされ、手引きされることがありません。万人の内奥から発した真正の教養への芽ばえが、こうして放置され、むなしく滅びさる運命にゆだねられているのです。

このことは、中・高校だけで教育をおわる人々の成長をはばんでいるだけでなく、大学に進んだり、インテリと目されたりする人々の精神力の健康さえもむしばみ、わが国の文化の実質をまことに脆弱なものにしています。単なる博識以上の根強い思索力・判断力、および確かな技術にささえられた教養を必要とする日本の将来にとって、これは真剣に憂慮されなければならない事態であるといわなければなりません。

わたしたちの「講談社現代新書」は、この事態の克服を意図して計画されたものです。これによってわたしたちは、講壇からの天下りでもなく、単なる解説書でもない、もっぱら万人の魂に生ずる初発的かつ根本的な問題をとらえ、掘り起こし、手引きし、しかも最新の知識への展望を万人に確立させる書物を、新しく世の中に送り出したいと念願しています。

わたしたちは、創業以来民衆を対象とする啓蒙の仕事に専心してきた講談社にとって、これこそもっともふさわしい課題であり、伝統ある出版社としての義務でもあると考えているのです。

一九六四年四月　野間省一

哲学・思想Ⅰ

心理・精神医学

331 異常の構造──木村敏
590 家族関係を考える──河合隼雄
725 リーダーシップの心理学──国分康孝
824 森田療法──岩井寛
1011 自己変革の心理学──伊藤順康
1020 アイデンティティの心理学 鑪幹八郎
1044 〈自己発見〉の心理学 国分康孝
1241 心のメッセージを聴く 池見陽
1289 軽症うつ病──笠原嘉
1348 自殺の心理学──高橋祥友
1372 〈むなしさ〉の心理学 諸富祥彦
1376 子どものトラウマ──西澤哲

1465 トランスパーソナル心理学入門──諸富祥彦
1787 人生に意味はあるか 諸富祥彦
1827 他人を見下す若者たち 速水敏彦
1922 発達障害の子どもたち──杉山登志郎
1962 親子という病──香山リカ
1984 いじめの構造──内藤朝雄
2008 関係する女 所有する男──斎藤環
2030 がんを生きる──佐々木常雄
2044 母親はなぜ生きづらいか──香山リカ
2062 人間関係のレッスン 向後善之
2076 子ども虐待──西澤哲
2085 言葉と脳と心──山鳥重
2105 はじめての認知療法──大野裕

2116 発達障害のいま──杉山登志郎
2119 動きが心をつくる──春木豊
2143 アサーション入門──平木典子
2180 パーソナリティ障害とは何か──牛島定信
2231 精神医療ダークサイド 佐藤光展
2344 ヒトの本性──川合伸幸
2347 信頼学の教室──中谷内一也
2349 「脳疲労」社会──徳永雄一郎
2385 はじめての森田療法 北西憲二
2415 新版 うつ病をなおす 野村総一郎
2444 怒りを鎮める うまく謝る 川合伸幸

L